今野紀雄 著　陳朕疆 譯

統整複雜數據，
看穿大數據背後真相

懶人圖解
統計學

統計学　最高の教科書
現実を分析して未来を予測する技術を身につける

前言

　　各位知道 10 月 18 日是什麼日子嗎？

　　這天是日本的**統計日**。在日本總務省統計局的網站中提到，1872 年 9 月 24 日，日本太政官公布了日本第一個近代生產統計表——《府縣物產表》，這天換算成陽曆後就是 10 月 18 日。於是日本政府就在 1973 年，訂這天為統計日。

　　在統計日這天，總務省會舉辦各種活動，促進日本國民關心統計，使國民了解統計的重要性，並配合政府的各種統計調查。

　　其中一項活動就是「**募集標語**」。總務省會將募集到的標語用於海報等廣告宣傳。2018 年度的特選作品，是由統計調查員組別選出的「活用統計、指向未來」。總務省的網站上可以看到歷屆入選作品，而且這些標語一個比一個驚豔。以下介紹其中幾個標語。

　　「這是為了誰？這是為了所有人的統計調查」

　　　　　　　　　　　　　　　　　　　2000 年
　　「數字重於理論，統計重於直覺」　　2003 年
　　「統計能獲得正確資訊，讓人放心」　2006 年

2019 年度的標語從 2 月開始募集，那時有人踢爆**政府各部會偽造統計數據**，引發了不小的問題，這也使 Twitter 上大量出現揶揄這次事件的標語。

「混亂的統計，可疑的指標」
「統計都是編造的數字，不要隨便相信」
「數字不合，就自己編造，統計都是假的」
「就算不景氣，統計數字也會說景氣很好」

我和其他教授談起這些統計調查事件時，聊到「有沒有什麼方法，可以看出這些統計數字的問題呢？」這裡先把這個方法命名為「規則 X」。我們會在本書的專欄中，與各位談談有什麼方法可以做到這件事，敬請期待！

本書會用淺顯易懂的方式，說明高中等級的統計。以下就簡單說明一下本書內容。

第 1 章介紹**平均值（期望值）、變異數、標準差**等，**能描述數據特徵的數值**；第 2 章介紹**基礎機率**，幫助各位理解本書後半提到的統計學知識；第 3 章介紹**隨機變數**；第 4 章介紹典型的分配範例——**二項分配、常態分配**；第 5 章介紹**估計**方法，說明如何由部分數據推論整體數據；第 6 章介紹**檢定**方法，說明如何建立假設、如何判斷假設正確與否；第 7 章介紹如何描述不同數據間的**相關**關係。

　　另外，在每章的最後面會列出幾個**練習問題**，請各位試著挑戰看看，以加深理解。

　　最後，本書的出版過程受到科學書籍編輯部的石井顯一先生不少照顧，在此表達誠摯謝意。

今野紀雄

目錄
CONTENTS

第 1 章

數據的特徵

最初的章節中,我們會說明**哪些數值可以用來描述數據的特徵**。具體來說,包括「平均值」「中位數」「眾數」「全距」「變異數」「標準差」等,其中又以「平均值」和「變異數」特別重要。這兩個數值也會頻繁出現在其他章節中。

當有人問你「每週喝幾次酒」，你會覺得很難回答嗎？

我很喜歡喝酒（或者應該說，我很喜歡酒宴時的氣氛）。朋友們知道這件事後，一定會問我：「平均每週喝幾次酒？」

我覺得這個問題實在很難回答。我從來不曾認真記錄哪天有喝酒、哪天沒喝，更不會像是計算棒球選手的打擊率那樣，計算每天喝酒情況的變化。但是，問我這個問題的人也不認為我會這麼做吧？

事實上，**我喝酒的頻率變動很大**。雖然我沒有晚酌的習慣，但是想喝酒的時候，每天晚上都會喝一些。但如果幾天不喝，就會像變了一個人似的，整個月都不碰酒精。就算我憑著那不怎麼可靠的記憶，計算出平均值約為「每週喝兩次」，意義也不大，因為連我自己都覺得這個答案怪怪的。「每週喝兩次」這句話聽起來就像是我會固定在每週五、六喝酒一樣，但事實並非如此。

因此，如果你是那種什麼都只想靠平均值來判斷的人，還請先別這麼快就下定論。

第 1 章中，我們會介紹**各種可以代表整體數據的數值**，「平均值（期望值）」就是其中之一。

上面的例子中，當我被朋友問到「平均每週喝幾次酒」，我很難回答得出來。由這個例子可以知道，有時候「**平均值並不是最適合用來代表整體數據的數值**」。還請先記住這點，並繼續往下閱讀。

就算平均值相同，也可能和實際情況有很大差異

問題　考試前一週會讀幾個小時的書呢？

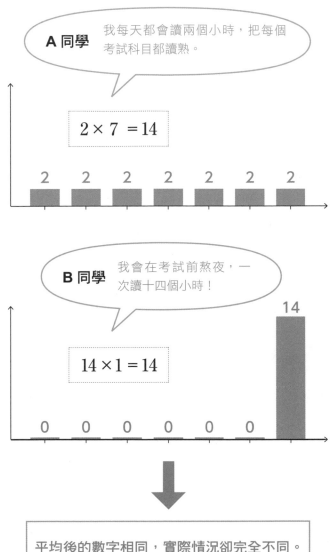

A 同學 我每天都會讀兩個小時，把每個考試科目都讀熟。

$$2 \times 7 = 14$$

2　2　2　2　2　2　2

B 同學 我會在考試前熬夜，一次讀十四個小時！

14

$$14 \times 1 = 14$$

0　0　0　0　0　0

平均後的數字相同，實際情況卻完全不同。

雖然平均月薪相同，但你不覺得哪裡奇怪嗎？

本節中，讓我們試著實際求出數據的「**平均值**」。

下表為五家創業初期公司的員工月薪。包含社長在內，每家公司有六名員工。其中，社長為表中的 6 號員工。為簡單起見，假設五家公司每個月的人事費用皆為 240 萬日圓，而這 240 萬日圓會分給員工做為月薪。但是，五家公司的月薪分配方式都不一樣，如下表所示。

	1	2	3	4	5	6（社長）	合計
A 公司	40	40	40	40	40	40	240
B 公司	20	30	40	40	50	60	240
C 公司	20	20	20	60	60	60	240
D 公司	20	20	20	50	60	70	240
E 公司	20	20	20	20	20	140	240

（單位：萬日圓）

計算五家公司的平均月薪，會發現數字都一樣，皆為

$$\frac{240}{6} = 40 \text{（萬日圓）}$$

但你不覺得這個結果「**有點奇怪**」嗎？

下一節中，就讓我們看看為什麼會得到這種奇怪的結果。

平均值的計算方法

> ### 平均值的定義
>
> 設數據中各個數值為 $x_1, x_2, \cdots, x_n$，那麼平均值 $\bar{x}$ 的計算方式如下。
>
> $$\bar{x} = \frac{x_1 + x_2 + \cdots + x_n}{n}$$

以 A 公司為例，員工有 6 位（$n = 6$），月薪皆為 40 萬日圓，即 $x_1 = x_2 = \cdots = x_6 = 40$，故

$$\bar{x} = \frac{40 + 40 + 40 + 40 + 40 + 40}{6} = \frac{240}{6} = 40 \text{ 萬日圓}$$

B 公司也有 6 位員工（$n = 6$），每位員工的月薪如下。
$x_1 = 20$、$x_2 = 30$、$x_3 = 40$、$x_4 = 40$、$x_5 = 50$、$x_6 = 60$，故

$$\bar{x} = \frac{20 + 30 + 40 + 40 + 50 + 60}{6} = \frac{240}{6} = 40 \text{ 萬日圓}$$

其他公司也一樣，平均月薪皆為 **40 萬日圓**。

即使平均值相同，也不代表數據有相同特徵

如前一節的介紹，五家公司的平均月薪皆為 40 萬日圓。先看 A 公司，所有員工的月薪皆為 40 萬日圓，如下所示。

| A公司 | 40 | 40 | 40 | 40 | 40 | 40 |

此時，因為所有人的月薪都相同，所以不用算也知道平均月薪是多少。接著來看 B 公司與 D 公司。

| B公司 | 20 | 30 | 40 | 40 | 50 | 60 |
| D公司 | 20 | 20 | 20 | 50 | 60 | 70 |

B 公司的平均月薪為 40 萬日圓，這還算可以理解。D 公司的員工中，有些人不大符合月薪 40 萬日圓的敘述，但也不是不能接受。那麼下面的 C 公司又如何呢？

| C公司 | 20 | 20 | 20 | 60 | 60 | 60 |

C 公司的員工可以分成領得多和領得少的兩個極端，可以說是月薪的贏家和輸家，而且**根本沒有人的月薪真的是拿平均值——40 萬日圓**，這就有點問題了。

最後一家的 E 公司又如何呢？

| E公司 | 20 | 20 | 20 | 20 | 20 | 140 |

只有社長拿到月薪 140 萬日圓，剩下的員工都只有 20 萬日圓。也就是說，**贏家只有社長一個**。如果採用這種敘薪方式，卻在徵人廣告中提到「我們公司的平均月薪是 40 萬日圓」，問題就大了，**幾乎等於是在詐欺**。

下一節中，我們將從其他觀點進一步討論這個問題。

就算平均值相同，實際情況也可能完全不同

| 40 | 40 | 40 | 40 | 40 | 40 |

A 公司

所有員工的月薪都和平均值 40 萬日圓一致。想必每個人都能認同這個平均值。

| 20 | 30 | 40 | 40 | 50 | 60 |

B 公司

一般人多能認同 40 萬日圓這個數字，畢竟有兩位員工的月薪就是 40 萬日圓。

| 20 | 20 | 20 | 60 | 60 | 60 |

C 公司

兩極化的月薪。沒有人的月薪真的是 40 萬日圓。由平均月薪看不出整體的月薪是多少。就像我「可能在一個月內完全不碰酒，也可能在一個月內幾乎每天都喝」一樣。

| 20 | 20 | 20 | 50 | 60 | 70 |

D 公司

雖然沒有人的月薪剛好是 40 萬日圓，但是說平均月薪為40 萬日圓應該也沒什麼問題。雖然月薪的數字不像 B 公司那麼集中，但是這個平均值還算可以接受。

| 20 | 20 | 20 | 20 | 20 | 140 |

E 公司

除了社長的月薪是 140 萬日圓，其他人都只有拿到 20 萬日圓。說他們的平均月薪是 40 萬日圓，並沒什麼參考價值。

將數據畫成「直方圖」會更好了解

前一節提到,「**有時候光靠平均值,無法正確反映數據的特性**」。為了說明這點,讓我們試著將前面的數據整理成表。

以 B 公司為例,以下為 B 公司的月薪。

B公司	20	30	40	40	50	60

以 10 萬元為組距,將員工的月薪分組整理後,可以得到「B 公司的月薪**次數分配表**」(見次頁)。以下先介紹各種統計用語。

首先,我們將各個數值分成許多「**組**」,每一組內的數值個數稱做「**次數**」。每一組的次數除以總次數的數值,稱做「**相對次數**」。同一組的數值會在一定範圍內,寫成「a 以上～未滿 b」的形式,譬如「15 萬日圓以上～未滿 25 萬日圓」,而「b - a」就稱做「**組距**」。本例中,組距為「25 – 15 = 10 萬日圓」。另外,表中其他組的組距也都是 10 萬日圓。

每組的中央值 $\frac{a+b}{2}$ 稱做「**組中點**」。例如在 15 萬日圓以上,未滿 25 萬日圓的組別中,組中點就是 $\frac{15+25}{2}$ = 20 萬日圓,其他組中點的數值依序為 30、40、50、60 萬日圓。

如果要明白整體數據情況,用圖表示會比列表還要清楚。次頁的次數分配表下方就是對應的圖,稱做「**直方圖**」。

下一節中,我們會談談繪製直方圖時須注意的事項。

將次數分配表畫成直方圖

	❶	❷	❸	❹	❺	❻
B 公司	20	30	40	40	50	60

● B 公司的月薪次數分配表

組別	組中點（萬日圓）	次數
15 萬日圓以上～未滿 25 萬日圓	20	1
25 萬日圓以上～未滿 35 萬日圓	30	1
35 萬日圓以上～未滿 45 萬日圓	40	2
45 萬日圓以上～未滿 55 萬日圓	50	1
55 萬日圓以上～未滿 65 萬日圓	60	1
合計	－	6

畫成直方圖

● B 公司的月薪直方圖

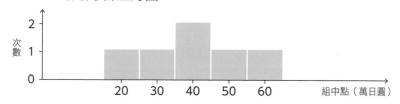

畫成直方圖後，整體數據情況一目了然。

配合數據特徵，選擇適當組距

前一節中，B 公司的月薪如下。

B 公司	20	30	40	40	50	60

我們在前一節中，從 15 萬日圓開始，以 10 萬日圓為組距，製作了月薪次數分配表，再以此畫出直方圖。

那麼，如果改變組距會發生什麼事呢？改變組距的同時，也會改變組別數。

假設將組距改為一半，也就是「5 萬日圓」，則次數分配表與對應的直方圖便如次頁所示。

此時，會有一半的組別次數為 0，反而讓人看不懂這個直方圖想表達什麼。也就是說，**組距愈小，不代表畫出來的直方圖會愈好理解**。如果將組距改為兩倍，也就是「20 萬日圓」，會發現組距又太大，沒辦法看出整體數據的分散程度。

因此在整理數據時，**選擇適當的組距和組別數才能準確表現出數據的性質**。這個問題可以講得很深入，但本書打算在此打住，各位只要隨時記得組距和組別數很重要就可以了。

前一節和本節中，我們學到如何將 B 公司的月薪次數分配表畫成直方圖。那麼，其他公司的月薪直方圖又該怎麼畫呢？請你同樣從 15 萬日圓開始，以 10 萬元為組距，試著畫畫看吧！答案會在下一節揭曉。

畫直方圖時，應選擇適當的組距

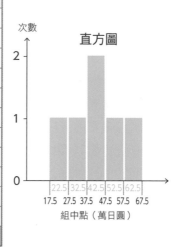

❶	❷	❸	❹	❺	❻
B 公司 20	30	40	40	50	60

●B 公司的月薪次數分配表（組距＝ 5 萬日圓）

組別	組中點（萬日圓）	次數
15 萬日圓以上～未滿 20 萬日圓	17.5	0
20 萬日圓以上～未滿 25 萬日圓	22.5	1
25 萬日圓以上～未滿 30 萬日圓	27.5	0
30 萬日圓以上～未滿 35 萬日圓	32.5	1
35 萬日圓以上～未滿 40 萬日圓	37.5	0
40 萬日圓以上～未滿 45 萬日圓	42.5	2
45 萬日圓以上～未滿 50 萬日圓	47.5	0
50 萬日圓以上～未滿 55 萬日圓	52.5	1
55 萬日圓以上～未滿 60 萬日圓	57.5	0
60 萬日圓以上～未滿 65 萬日圓	62.5	1
65 萬日圓以上～未滿 70 萬日圓	67.5	0
合計	－	6

●B 公司的月薪次數分配表（組距＝ 20 萬日圓）

組別	組中點（萬日圓）	次數
15 萬日圓以上～未滿 35 萬日圓	25	2
35 萬日圓以上～未滿 55 萬日圓	45	3
55 萬日圓以上～未滿 75 萬日圓	65	1
合計	－	6

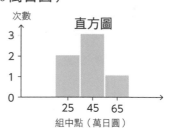

組距太小或太大都不行。

16 由直方圖的形狀，可以看出某些數據不適合用「平均值」來描述

次頁是 A 公司到 E 公司共五家公司的月薪直方圖。從這些直方圖可以看出這些公司的幾個特徵。

首先，A 公司、B 公司、C 公司的直方圖皆為左右對稱，而且 A 公司與 B 公司只有一個峰。這種只有一個峰、相對單純的分配，稱做「**單峰型**」分配。譬如男性身高的分配，就是單峰型分配的典型例子。

相較於此，C 公司的月薪分配有兩個峰。有兩個峰或更多峰的分配，稱做「**多峰型**」分配。舉例來說，如果不分男女，統計所有人的身高並做成次數分配表，就會是多峰型分配；在考試時，若明顯有一群人比較會解題，另一群人比較不會，則成績分配也會是多峰型。

至於 D 公司與 E 公司的月薪分配則非左右對稱，而是集中在左側。日本媒體常會報導棒球選手的年薪，他們的個人所得分配也明顯不是左右對稱。

回來談談平均值，**當單峰型數據的直方圖左右對稱（或者接近左右對稱）時，以平均值做為整體數據的代表值，不會有什麼問題。**

但是，**如果是像 C 公司那樣的多峰型數據，即使左右對稱，平均值也無法做為整體數據的代表值。E 公司那種具有明顯落差的數據就更不用說了。**

下一節中，我們就來談談除了平均值，還有哪些數值可以代表整體數據。

由直方圖的形狀了解分配的差異

次數

A 公司

平均值

6
3
0
　　　20　30　40　50　60　70　組中點

單峰型

次數

B 公司

6
3
0
　　　20　30　40　50　60　70　組中點

左右對稱

次數

C 公司

6
3
0
　　　20　30　40　50　60　70　組中點

多峰型

次數

D 公司

6
3
0
　　　20　30　40　50　60　70　組中點

非左右對稱

次數

E 公司

6
3
0
　　　20　30　40　50　60　　　140　組中點

> 由此可看出，有時候平均值並不適合做為
> 整體數據的代表值。

17 除了平均值，還有其他可以代表整體數據的數值

在前幾節中，我們計算出了五家公司的平均月薪。平均值又有另一個比較複雜的名稱，叫做「**算術平均值**」。

手上有一堆數據時，能代表這堆數據的數值就叫做「**代表值**」。前面提到的平均值，就是一種代表值。除了平均值，還有好幾種數值能做為一堆數據的代表值，例如「**中位數**」「**眾數**」等，以下將一一介紹。

為什麼我們需要這些不同於平均值的代表值呢？

以前節介紹的 E 公司為例，E 公司有 6 名員工，其月薪如下。

E公司	20	20	20	20	20	140

只有社長的月薪是 140 萬日圓，其他員工都是 20 萬日圓，這時平均月薪為40萬日圓。但一般會認為「平均月薪40萬日圓」很難代表這家公司的月薪狀況，因為月薪比這個數字低的員工有五位，比這個數字高的員工卻只有一位。如果一群數據中，**少數幾個數值（本例中為一位員工的月薪）特別大（本例中為 140 萬日圓），那麼這幾個數值就會大幅影響到平均值的代表性。因此，我們需要不同於平均值的代表值。**

職棒選手的平均年薪很高，也是因為少數幾個超級球星的年薪特別高。在二軍職棒選手中，就有不少選手的年薪和一般公司員工差不多。下一節中，就來談談什麼是中位數。

各式各樣的代表值

> ### 代表值
>
> 手上有一堆數據時，能代表這堆數據的數值。

> ### 代表值的例子
>
> **平均值、中位數、眾數**

● 舉例來說，前面提到的 E 公司月薪直方圖為

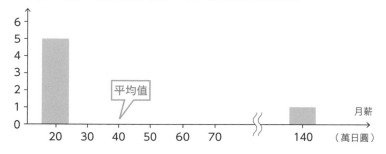

● 各數據為

> **此時，用平均月薪 40 萬日圓
很難代表 E 公司的月薪狀況！**

正中央數值——中位數

讓我們再看一次 E 公司的例子。六位員工的月薪如下。

E公司	20	20	20	20	20	140

只有社長的月薪是 140 萬日圓，其他一般員工的月薪都是 20 萬日圓，平均月薪為 40 萬日圓。若將所有人的月薪從小排到大，此時位於**正中央的數值**，就叫做**中位數**，英文叫做 median。

但因為 E 公司有六位員工，所以不存在正中間的月薪數值。這時候我們會**取最靠近正中間兩數的平均為中位數**，如下所示。

$$\frac{20+20}{2} = 20（萬日圓）$$

六位員工中，有五位員工的月薪為 20 萬日圓。因此，比起平均值 40 萬日圓，中位數 20 萬日圓比較能代表 E 公司的月薪。

接下來，可用同樣的方法來計算 A、B、C、D 這四家公司的月薪中位數。

	1	2	3	4	5	6	中位數
A公司	40	40	40	40	40	40	40
B公司	20	30	40	40	50	60	40
C公司	20	20	20	60	60	60	40
D公司	20	20	20	50	60	70	35

除了 D 公司和 E 公司，A、B、C 公司的月薪中位數都是 40 萬日圓。下一節中，我們會為中位數這個主題做個總結。

如何計算中位數

> 中位數是一堆數據中，位於正中央的數值

● 用前面提到的例子，求出各公司的月薪中位數

$$中位數 = \frac{\left(\begin{array}{c}\text{由小到大排序的}\\\text{月薪第三名}\end{array}\right) + \left(\begin{array}{c}\text{由小到大排序的}\\\text{月薪第四名}\end{array}\right)}{2}$$

● 計算 A、C、E 公司的月薪中位數

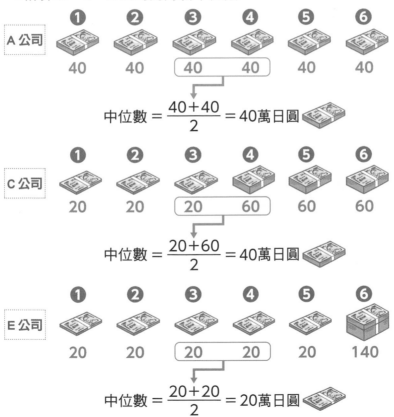

A 公司　❶ 40　❷ 40　❸ 40　❹ 40　❺ 40　❻ 40

$$中位數 = \frac{40+40}{2} = 40萬日圓$$

C 公司　❶ 20　❷ 20　❸ 20　❹ 60　❺ 60　❻ 60

$$中位數 = \frac{20+60}{2} = 40萬日圓$$

E 公司　❶ 20　❷ 20　❸ 20　❹ 20　❺ 20　❻ 140

$$中位數 = \frac{20+20}{2} = 20萬日圓$$

如何計算中位數？

前一節提到了什麼是**中位數**。本節就來看看中位數的詳細定義，以及要怎麼計算中位數。

首先，假設數據中有 n 個數值。

將這些數值由小排到大，若碰上相同大小的數值，也照樣排序下去。排序完後，位於正中央的數值就是中位數。在計算中位數時要特別注意幾個地方。

當 n 為奇數，則存在正中央的數值。例如以下五個數值。

　　10　20　30　40　50

中位數就是由左往右算第三個（或者是由右往左算第三個）的「30」。

當 n 為偶數（例如前一節的例子中，n = 6），便不存在正中央的數值，而是有兩個數值同樣接近正中央。**做為折衷，我們就會算出這兩個數的平均值（算術平均值），並視其為中位數。**例如以下六個數值。

　　10　20　30　40　50　60

中位數為由左往右算第三個的「30」，與由右往左算第三個的「40」的平均，如下所示。

$$\frac{30+40}{2} = 35$$

下一節中，我們會介紹另一個代表值——**眾數**。

中位數的定義

設數據中有 n 個數值 $x_1 \leqq x_2 \leqq \cdots \leqq x_n$

❶ 若 n 為奇數（n = 1, 3, 5, …）

設 $n = 2k + 1$ $\left(\begin{matrix} \text{k 為 1、2 等自然數，} \\ \text{故 2k + 1 為奇數} \end{matrix}\right)$，則

$$x_1、x_2、\cdots、x_k、\boxed{x_{k+1}}、x_{k+2}、\cdots、x_{2k}、x_{2k+1}$$

k 個　　　中位數　　　　　k 個

舉例來說，n = 7、k = 3（7 = 2 × 3 + 1）時

$$x_1、x_2、x_3、\boxed{x_4}、x_5、x_6、x_7$$

3 個　　中位數　　3 個

❷ 若 n 為偶數（n = 2, 4, 6, …）

設 $n = 2k$ $\left(\begin{matrix} \text{k 為 1、2 等自然數，} \\ \text{故 2k 為偶數} \end{matrix}\right)$，則

$$x_1、x_2、\cdots、x_{k-1}、\boxed{x_k、x_{k+1}}、x_{k+2}、\cdots、x_{2k-1}、x_{2k}$$

k − 1 個　　　　　　　　　　k − 1 個

$$\frac{x_k + x_{k+1}}{2} \leftarrow 中位數$$

舉例來說，n = 6、k = 3（6 = 2 × 3）時

$$x_1、x_2、\boxed{x_3、x_4}、x_5、x_6$$

2 個　　　　　2 個

$$\frac{x_3 + x_4}{2} \leftarrow 中位數$$

哪個數值最多？什麼是眾數？

我們再複習一遍五家公司月薪分配的例子。五家公司的月薪平均值與中位數如下。

	1	2	3	4	5	6	平均值	中位數
A 公司	40	40	40	40	40	40	40	40
B 公司	20	30	40	40	50	60	40	40
C 公司	20	20	20	60	60	60	40	40
D 公司	20	20	20	50	60	70	40	35
E 公司	20	20	20	20	20	140	40	20

本節會再介紹另一個代表值——**眾數**。

簡單來說，**眾數就是一群數據中出現最多次的數值（若數據已分組，則眾數為次數最多的一組之組中點）**。請參考各家公司的月薪直方圖（第 21 頁）。在這幾個例子中，組中點正好會等於各個數據的數值，故只要數數看哪個數值出現最多次，那個數值就是眾數。

因此，A、B 兩家公司的眾數為「40」，D、E 兩家公司的眾數為「20」，這些公司的眾數皆相當明確。其中，對於 E 公司來說，比起平均值 40 萬日圓，眾數 20 萬日圓更具代表性。

然而 C 公司的月薪數據中，「20」和「60」出現的次數一樣多，無法決定哪個是眾數。因此眾數無法有效代表 C 公司的月薪。

從下一節起，我們將說明如何表示數據分散程度。

計算眾數的方法

> 眾數指的是數據中出現最多次的數值
> （次數最多之組別的組中點）

● 以前幾節的公司月薪為例，說明如何計算眾數

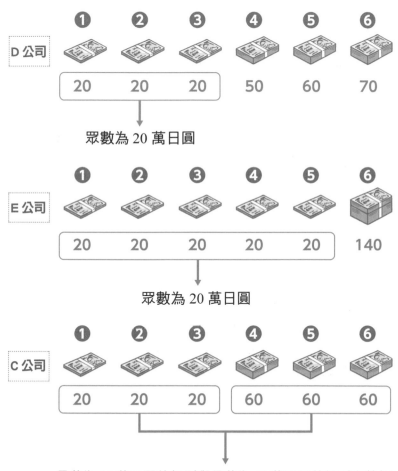

D 公司

❶	❷	❸	❹	❺	❻
20	20	20	50	60	70

眾數為 20 萬日圓

E 公司

❶	❷	❸	❹	❺	❻
20	20	20	20	20	140

眾數為 20 萬日圓

C 公司

❶	❷	❸	❹	❺	❻
20	20	20	60	60	60

月薪為 20 萬日圓的組別與月薪為 60 萬日圓的組別次數相
同，故無法決定眾數是多少（也可以大膽的選擇 20 或 60
做為眾數，但無論哪個都不是出現最多次的數值）。

表示數據分布範圍的「全距」

這一節中，來談談數據的分散程度。以 A 公司與 B 公司的月薪為例，如下所示。

	1	2	3	4	5	6	平均值	中位數	眾數
A 公司	40	40	40	40	40	40	40	40	40
B 公司	20	30	40	40	50	60	40	40	40

兩家公司的月薪平均值、中位數、眾數這三個代表值都是「40」，但是 A 公司的數據中，各數值的集中程度明顯高於 B 公司。那麼，我們可以用什麼方式來表示數據中各數值的分散程度呢？

寫出數據涵蓋的範圍是最單純的方法。數據中的最大值與最小值的差，稱做「**全距**」。在表達數據分散程度時，全距是最粗略的說法，計算起來也最簡單。

以 A、B 公司的月薪為例，A 公司的全距為

40－40＝0（全距為 0，故數據完全不分散）

B 公司的全距為

60－20＝40（全距為 40，分散程度很大）

由此可判斷出數據有多分散。

然而，實務上很少會用到全距。計算全距時只需用到最大值和最小值，**如果數據中有某個異常數值特別大（或特別小），就會直接影響到全距的大小。**

下一節中，我們會介紹其他用來判斷數據分散程度的指標。

容易被異常數值左右的「全距」

A 公司與 B 公司的月薪分散程度有多大？

可用數據的全距（分布範圍）來表示

將數據中的最大值減去最小值，就可以得到全距

❶	❷	❸	❹	❺	❻
40	40	40	40	40	40

A 公司

最大值＝ **40 萬日圓**　最小值＝ **40 萬日圓**
全距＝最大值－最小值＝ **40 - 40 = 0**
故全距為 **0** 日圓

❶	❷	❸	❹	❺	❻
20	30	40	40	50	60

B 公司

最大值＝ **60 萬日圓**　最小值＝ **20 萬日圓**
全距＝最大值－最小值＝ **60 - 20 = 40**
故全距為 40 萬日圓

如上所示，將兩家公司的月薪分散程度數值化後，會發現 B 公司的月薪分散程度比 A 公司大。然而，全距會被極端值影響，如果數據中存在幾個特別大或特別小的數值（極端值），就會大幅影響全距，故不怎麼實用。

12 如何表示數據分散程度？

前一節中，介紹了可以表示數據分散程度的**全距**，但是全距就只是最大值減去最小值而已，在數據量很大的時候，全距就很難代表任兩個數值之間有多分散，因為只要存在特別大或特別小的數值，就會直接影響到全距。所以我們需要設計一個**「計算時會用到所有數據的指標」，用以估計數據的分散程度**，而這種指標的計算會複雜一些。

平均值為數據的代表值之一，所以在大多數情況下，只要知道平均值周圍數據的分散程度，就可以看出整體數據大致上的分布狀況。我們可以試著計算**每個數據與平均值的差**，來估計平均值周圍數據的分散程度。這個值就叫做「**離差**」。

以 A 公司、B 公司的月薪資料為例，如下所示。

	1	2	3	4	5	6	平均值
A公司	40	40	40	40	40	40	40
離差	0	0	0	0	0	0	0
B公司	20	30	40	40	50	60	40
離差	− 20	− 10	0	0	10	20	0

上表中，離差總和為「0」。離差總和除以數據數後，得到離差的平均值也是「0」。事實上，不管是什麼樣的數據，**離差的平均值一定是「0」**。這麼一來，我們就沒辦法比較不同數據的分散程度，因此很可惜的，離差的平均值不能用來表示數據的分散程度。

下一節中，我們將試著改進這個方法。

離差的平均值永遠是 0

給定 n 個數據 $x_1, x_2, \cdots, x_n$ 時，平均值 $\overline{x}$ 的計算如下。

$$\overline{x} = \frac{x_1 + x_2 + \cdots + x_n}{n} \quad \cdots \quad ★$$

而離差指的是各個數據減去平均值 $\overline{x}$ 的值，即

$$X_1 - \overline{X} \text{、} X_2 - \overline{X} \text{、} \cdots \text{、} X_n - \overline{X}$$

因此，離差的平均值 $= \dfrac{(x_1 - \overline{x}) + (x_2 - \overline{x}) + \cdots + (x_n - \overline{x})}{n}$

上式等號右邊的分子 $= x_1 + x_2 + \cdots + x_n - n\overline{x}$

$$= x_1 + x_2 + \cdots + x_n - \underbrace{(x_1 + x_2 + \cdots + x_n)}$$

由 $\overline{x}$ 的定義 ★

因此，　離差的平均值 $= 0$

用「變異數」來表示數據分散程度會方便許多

前一節中，我們提到了離差的概念。離差是數據中各數值與平均值的差，而離差的平均值或許可以成為判斷數據分散程度的指標，但我們也發現其永遠都會等於「0」，所以不適合做為分散程度的指標。離差的平均值之所以等於 0，是因為數據中必存在某些數值的離差為負數。若要將這些負數轉換成正數，可以使用「**絕對值（去掉正負號的數值）**」或「**平方**」等工具。先讓我們想想看，離差絕對值的平均會是什麼樣的數值。以 A 公司、B 公司為例。

	1	2	3	4	5	6	平均值
A 公司	40	40	40	40	40	40	40
離差的絕對值	0	0	0	0	0	0	0
B 公司	20	30	40	40	50	60	40
離差的絕對值	20	10	0	0	10	20	10

兩家公司員工月薪的離差絕對值平均分別為

$$A 公司：\frac{0+0+0+0+0+0}{6}=0$$

$$B 公司：\frac{20+10+0+0+10+20}{6}=10$$

離差絕對值的平均稱做「**平均離差**」。乍看之下問題好像解決了，但其實平均離差的計算方式很不方便。事實上，**絕對值在數學上不大好處理（譬如說無法微分）**，故實務上幾乎不會使用平均離差來表示數據的分散程度。那麼實務上會用什麼樣的數值做為分散程度的指標呢？先說結論，就是**離差平方的平均值**，又叫做「**變異數**」。

離差平方的平均又叫做「變異數」

數據中有 n 個數值 $x_1, x_2, \cdots, x_n$，平均值為 $\overline{x}$，各數值的離差如下。

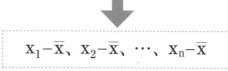

$$x_1 - \overline{x}、x_2 - \overline{x}、\cdots、x_n - \overline{x}$$

因為離差的平均值為 0，故改用離差絕對值的平均。

$$離差絕對值的平均 = \frac{|x_1 - \overline{x}| + |x_2 - \overline{x}| + \cdots + |x_n - \overline{x}|}{n}$$

但絕對值「｜ ｜」在數學上很難處理，故改用離差平方的平均，並稱其為變異數。

$$變異數 = \frac{(x_1 - \overline{x})^2 + (x_2 - \overline{x})^2 + \cdots + (x_n - \overline{x})^2}{n}$$

變異數可用來表示數據的分散程度。

如何用變異數來計算數據分散程度？

本節中，讓我們實際計算看看各公司的月薪變異數。

	1	2	3	4	5	6	平均值
A公司	40	40	40	40	40	40	40
離差的平方	0	0	0	0	0	0	0
B公司	20	30	40	40	50	60	40
離差的平方	400	100	0	0	100	400	約167

兩家公司員工月薪的離差平方平均分別為

A公司 $\dfrac{0+0+0+0+0+0}{6} = 0$

B公司 $\dfrac{400+100+0+0+100+400}{6} \fallingdotseq 167$

其他公司的月薪變異數的計算結果如次頁所示。當然，變異數本身就可以做為分散程度的指標了，但在實務上，我們比較常用**變異數的正平方根**，又叫做「**標準差**」。

各公司的月薪標準差如下。

	A公司	B公司	C公司	D公司	E公司
標準差	0	13	20	21	45

由標準差可以看出，各公司的月薪分散程度由小到大依序為 A 公司、B 公司、C 公司、D 公司、E 公司。由各數據中數值與平均值的差異計算出了以上結果，這樣的結果大致符合我們的直覺，也符合在**第 21 頁**中看到的直方圖形狀。然而，**光靠直方圖很難看出 C 公司（20）與 D 公司（21）有著幾乎相同的標準差。**

下一章中，就讓我們來學習統計學的基礎機率。

變異數與標準差

$$變異數 = \frac{(x_1 - \overline{x})^2 + (x_2 - \overline{x})^2 + \cdots + (x_n - \overline{x})^2}{n}$$

變異數平方根常用來表示數據的分散程度。

$$標準差 = \sqrt{變異數} = \sqrt{\frac{(x_1 - \overline{x})^2 + (x_2 - \overline{x})^2 + \cdots + (x_n - \overline{x})^2}{n}}$$

用這個公式計算如下

C 公司

月薪	20	20	20	60	60	60
離差的平方	400	400	400	400	400	400

平均值 $\overline{x} = 40$

$$變異數 = \frac{400 + 400 + 400 + 400 + 400 + 400}{6} = 400$$

$$標準差 = \sqrt{400} = 20$$

D 公司

月薪	20	20	20	50	60	70
離差的平方	400	400	400	100	400	900

平均值 $\overline{x} = 40$

$$變異數 = \frac{400 + 400 + 400 + 100 + 400 + 900}{6} \fallingdotseq 433$$

$$標準差 = \sqrt{433} \fallingdotseq 21$$

E 公司

月薪	20	20	20	20	20	140
離差的平方	400	400	400	400	400	10000

平均值 $\overline{x} = 40$

$$變異數 = \frac{400 + 400 + 400 + 400 + 400 + 10000}{6} = 2000$$

$$標準差 = \sqrt{2000} \fallingdotseq 45$$

問題 1-1　G 公司的月薪如下所示。試求該公司的月薪平均值、中位數、變異數和標準差。

G 公司	30	30	40	40	50	50

（單位：萬日圓）

問題 1-2　H 公司的月薪如下所示。試求該公司的月薪平均值、中位數、眾數、變異數和標準差。

H 公司	10	10	10	10	10	190

（單位：萬日圓）

問題 1-3　I 公司的月薪如下所示。試求該公司的月薪平均值、中位數、眾數、變異數和標準差。

I 公司	0	0	0	0	0	240

（單位：萬日圓）

平均值 $=(30+30+40+40+50+50) \div 6 = 40$

中位數 $=(40+40) \div 2 = 40$

變異數 $= \dfrac{(30-40)^2+(30-40)^2+(40-40)^2+(40-40)^2+(50-40)^2+(50-40)^2}{6} \fallingdotseq 67$

標準差 $= \sqrt{67} \fallingdotseq 8$

平均值 $=(10+10+10+10+10+190) \div 6 = 40$

中位數 $=(10+10) \div 2 = 10$

眾數 $= 10$

變異數 $= \dfrac{5 \times (10-40)^2+(190-40)^2}{6} = \dfrac{27000}{6} = 4500$

標準差 $= \sqrt{4500} \fallingdotseq 67$

平均值 $=(0+0+0+0+0+240) \div 6 = 40$

中位數 $=(0+0) \div 2 = 0$

眾數 $= 0$

變異數 $= \dfrac{5 \times (0-40)^2+(240-40)^2}{6} = 8000$

標準差 $= \sqrt{8000} \fallingdotseq 89$

1 統計虛擬貨幣之現價總額的首位數字，會有什麼結果？

在「前言」中曾提到，**專欄 1～3** 會介紹一種能夠判斷數據是否為偽造數據的方法──**規則 X**，以下就來說明這個規則 X。

「在國家人口之類的數據中，各數值首位數字的出現頻率會符合一定比例」，這就是規則 X。數值的首位數字共有 1、2、3、4、5、6、7、8、9 等九種，直覺看來「這九種數字出現的機率應該相同」。也就是說，一般認為，首位數字為任一數字的機率都是 $\frac{1}{9}$ = 0.111⋯，即約 11%。

為了驗證這樣的想法是否正確，我調查了各種**虛擬貨幣**的**現價總額**。最近虛擬貨幣是個很紅的話題，想必大家多少都有聽過。

目前現價總額最大的虛擬貨幣是**比特幣**，但是虛擬貨幣絕對不只比特幣一種。在 2019 年 2 月，市面上已有近 2000 種虛擬貨幣，而比特幣就幾乎占了所有虛擬貨幣現價總額的一半。這裡說的現價總額，指的是虛擬貨幣的發行量，乘上虛擬貨幣的現價，可以想成是該虛擬貨幣的規模大小。目前所有虛擬貨幣的現價總額約為 13 兆日圓。

以比特幣的價格為例。2017 年 1 月，1 BIT（比特幣的單位）約為 10 萬日圓左右。但是到了該年 12 月，比特幣出現了泡沫性飛漲，價格一度高達 200 萬日圓。

為了解各種虛擬貨幣的現價總額，筆者前往「MarketCap」（https://coinmarketcap.com/ja/）網站，下載了 1154 種虛擬貨幣的資料，統計各種虛擬貨幣現價總額的首位數字。當時比特幣的現價總額約為 7 兆日圓，正確數字為 7,046,418,626,883 日圓，首位數字為「7」。我們將在專欄 2 中，介紹各種虛擬貨幣的首位數字統計結果。

第2章
機率的基礎

本章要介紹的是**基礎機率**。若要理解本書後半的內容，本章是不可或缺的基礎。具體而言，本章會提到「和事件」「積事件」「餘事件」「互斥事件」「獨立事件」等各種事件，也會提到「機率」「條件機率」的定義，並學習「加法規則」與「乘法規則」。

「樣本點」「樣本空間」與「事件」分別是什麼？

第 2 章要介紹的是支撐整個統計領域的「**機率**」。

擲一枚硬幣的時候,結果可能為「正面」或「反面」。當然,這裡不考慮「硬幣以邊緣立著」的情況。

「正面」「反面」等個別結果(每一種可能發生的結果)稱做「**樣本點**」,所有樣本點的集合稱做「**樣本空間**」。我們一般會用 Ω(希臘字母 omega 的大寫)這個符號來表示樣本空間。以擲一枚硬幣為例,樣本空間 $\Omega = \{$ 正、反 $\}$,而樣本點自然就是「正」與「反」了。

擲一顆骰子時,樣本空間 $\Omega = \{1, 2, 3, 4, 5, 6\}$,樣本點為「1」「2」「3」「4」「5」「6」。

再來,樣本空間所包括的集合(子集合)稱做「**事件**」。換言之,事件指的就是「可能發生的事」。擲一枚硬幣時,樣本空間 $\Omega = \{$ 正、反 $\}$,事件則有以下四種。

ϕ、$\{$ 正 $\}$、$\{$ 反 $\}$、$\{$ 正、反 $\}$

第一種的「ϕ」念做「phi」,不含任何樣本點,代表「沒有發生任何結果」的事件,又稱做「**空事件**」。

而最後一個子集合 $\{$ 正、反 $\}$ 與樣本空間 Ω 一致,稱做「**全事件**」。

下一節起,讓我們一起來看看各式各樣的事件。

樣本點、樣本空間、事件分別是什麼？

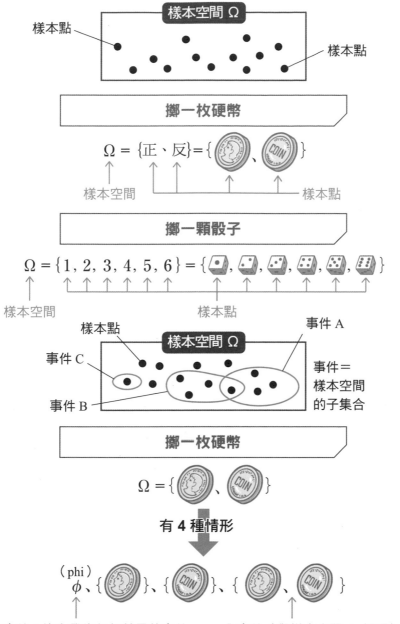

樣本空間 Ω

樣本點　　　　　　　　　　　　　　　樣本點

擲一枚硬幣

$$\Omega = \{正、反\} = \{\qquad 、\qquad\}$$

樣本空間　　　　　　　　　　　　　　樣本點

擲一顆骰子

$$\Omega = \{1, 2, 3, 4, 5, 6\} = \{\qquad, \qquad, \qquad, \qquad, \qquad, \qquad\}$$

樣本空間　　　　　　　　　樣本點

樣本點　　**樣本空間 Ω**　　事件 A

事件 C

事件 B　　　　　　　　　　事件＝
樣本空間
的子集合

擲一枚硬幣

$$\Omega = \{\qquad 、\qquad\}$$

有 4 種情形

（phi）
ϕ、$\{\qquad\}$、$\{\qquad\}$、$\{\qquad 、\qquad\}$

空事件：沒有發生任何結果的事件　　　全事件（與樣本空間 Ω 相同）

2
2

「和事件」「積事件」和「餘事件」

前一節中提到了樣本空間的子集合，也就是事件。本節將以擲骰子為例，介紹事件之間的關係。擲一顆骰子一次時，樣本空間如下。

$$\Omega = \{1, 2, 3, 4, 5, 6\}$$

事件 A 與事件 B 的「**和事件**」定義為：A 與 B 中，至少發生了其中之一的事件。寫做「A∪B」，讀做「A **聯集** B」。

舉例來說，假設

A ＝點數為偶數的事件 ＝ $\{2, 4, 6\}$

B ＝點數為 2 點以下的事件＝ $\{1, 2\}$

那麼 A 與 B 的和事件，即 A∪B 就是

$$A \cup B = \{1, 2, 4, 6\}$$

接著，事件 A 與事件 B 的「**積事件**」定義為：A 與 B 同時發生的事件。寫做「A∩B」，讀做「A **交集** B」。同樣假設 A= $\{2, 4, 6\}$、B = $\{1, 2\}$，那麼 A∩B = $\{2\}$。

另外，「沒有發生事件 A」的事件，稱做 A 的**餘事件**，寫做「$\overline{A}$」，讀做「A bar」。舉例來說，當 A = $\{2, 4, 6\}$，則 $\overline{A}$= $\{1, 3, 5\}$（＝奇數點的事件）。

下一節中會介紹更多和機率有關的性質。

事件之間的關係

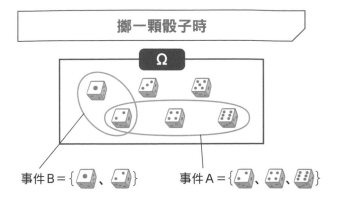

| 擲一顆骰子時 |

事件B = { ⚀、⚁ }　　　事件A = { ⚃、⚄、⚅ }

事件 A 與事件 B 的和事件 ＝ A∪B ＝ { ⚀、⚁、⚄、⚅ }

事件 A 與事件 B 的積事件 ＝ A∩B ＝ { ⚃ }

事件 A 的餘事件 ＝ A̅ ＝ { ⚀、⚁、⚂ }

| 一般情況下 |

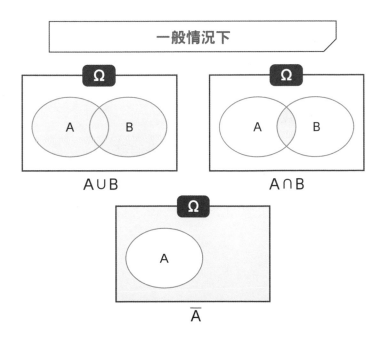

A∪B　　　　　　　A∩B

A̅

機率的定義

本節中，讓我們來看看什麼是「**機率**」。

簡單來說，機率就是一個事件的發生「機」會，占所有事件發生機會的比「率」。事件 A 的機率寫做「P(A)」，讀做「P A」。機率的英文為「probability」，故取其首字母簡寫為 P。

P(A) 的數值介於 0 和 1 之間。當 P(A) 為「0」，表示 A 事件絕對不會發生；相反的，當 P(A) 為「1」，表示 A 事件一定會發生。本書所提及的樣本空間 Ω 皆為有限個樣本點，故以上敘述皆成立。

以下來想想看擲一顆骰子時的情況。假設這顆骰子沒有被動過手腳，是一顆公正的骰子（擲到每一面的機會都相等）。

擲出點數的全事件 $\Omega = \{1, 2, 3, 4, 5, 6\}$。樣本點的個數（可寫做 $|\Omega|$，讀做「omega bar」）有六個。

假設事件 A 為「偶數點」，即 $A = \{2, 4, 6\}$，則樣本點的個數 $|A| = 3$。

因此，一顆公正骰子發生事件 A 的機率，也就是偶數點的機率可定義為

$$P(A) = 偶數點的機率 = \frac{|A|}{|\Omega|}$$

$$= \frac{偶數點事件的樣本點個數}{全事件的樣本點個數} = \frac{3}{6} = \frac{1}{2}$$

下一節中，將會把本節的說明推廣到一般化的例子上。

骰子的機率是多少？

擲一顆骰子時

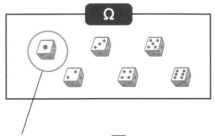

點數為 1 的事件 $= \{ \bullet \}$

$$|\Omega| = |\{ \boxed{\bullet}、\boxed{\because}、\boxed{\therefore}、\boxed{::}、\boxed{\vdots}、\boxed{\vdots\vdots} \}| = 6$$

↑
樣本空間 Ω 的樣本點個數

$$|A| = |\{ \boxed{\because}、\boxed{::}、\boxed{\vdots\vdots} \}| = 3$$

↑
事件 A 的樣本點個數

因此

$$P(A) = \frac{|A|}{|\Omega|} = \frac{3}{6} = \frac{1}{2}$$

↑
事件 A 發生的機率

「事件機率」的計算

本節中,讓我們來思考一般化的情況。

假設有一項實驗或觀察,就像擲骰子一樣,可以重複執行多次。全事件 Ω 的樣本點個數為 N,即 $|\Omega|=N$。

以擲一顆骰子為例,$\Omega=\{1, 2, 3, 4, 5, 6\}$,故 $N=6$。

此時要注意到一個重點,那就是**每個樣本點的出現機會都相同**。

假設事件 A 的樣本點有 a 個,即 $|A|=a$,那麼發生事件 A 的機率 P(A) 可由以下算式求得。

$$P(A) = 發生事件 A 的機率$$
$$= \frac{|A|}{|\Omega|} = \frac{事件 A 的樣本點個數}{全事件的樣本點個數} = \frac{a}{N}$$

參考前節的計算,設擲一顆骰子時,擲出奇數點的事件為 A,事件 A 的機率為 P(A)。用以上公式計算 P(A),其中 $|A|=a=3$,$|\Omega|=N=6$,故

$$P(A) = 擲出奇數點的機率 = \frac{a}{N} = \frac{3}{6} = \frac{1}{2}$$

下一節中,讓我們來算算看擲硬幣的機率。

事件機率的計算

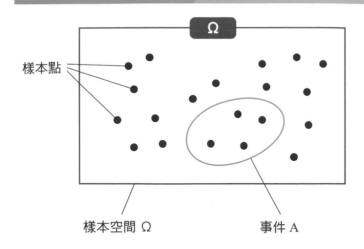

樣本點

Ω

樣本空間 Ω　　　　　　　　　事件 A

樣本空間 Ω 的樣本點個數　　　事件 A 的樣本點個數
$= |\Omega| = N$　　　　　　　　　　$= |A| = a$

（本例中 $|\Omega| = N = 20$）　　　（本例中 $|A| = a = 4$）

事件 A 的機率 P(A)

$$P(A) = \frac{\text{事件 A 的樣本點個數}}{\text{全事件的樣本點個數}} \frac{|A|}{|\Omega|}$$

$$= \frac{a}{N} \left(\text{本例中 } \frac{|A|}{|\Omega|} = \frac{4}{20} = 0.2 \right)$$

以「擲硬幣」為例，做機率的計算

前一節中提到如何定義事件 A 的發生機率 P(A)。本節會基於這個定義，介紹更多機率的計算。

以下假設我們擲一枚公正硬幣。

這時，可能出現的結果為「正」或「反」。故全事件 $\Omega = \{$正、反$\}$，$|\Omega|$（全事件的樣本點個數）$= 2$。由於這是一個「公正的」硬幣，故正與反發生的機會相同。

事件 A 的樣本點個數可以寫成 $|A|$，則發生事件 A 的機率 P(A) 可以計算如下。

$$P(A) = \frac{|A|}{|\Omega|} = \frac{|A|}{2}$$

舉例來說，當 $A = \{$正$\}$，則 $|A| = 1$。

$$P(A) = 擲出正面的機率 = \frac{1}{2}$$

這可以寫成 $P(\{$正$\}) = \frac{1}{2}$。同樣的，也可以推導出 $P(\{$反$\}) = \frac{1}{2}$。

另外，空事件 ϕ 沒有樣本點，即 $|\phi| = 0$。因此

$$P(\phi) = \frac{|\phi|}{|\Omega|} = \frac{0}{2} = 0$$

由以上算式可以看出，**P(ϕ) = 0 不僅在擲硬幣時成立，在任何時候都會成立。**

另一方面，$P(\Omega) = \frac{|\Omega|}{|\Omega|} = 1$。同樣的，**P($\Omega$) = 1 不僅在擲硬幣時成立，在任何時候都會成立。**下一節將以「丁半賭博」為例，介紹機率的計算。

如何計算正與反的機率？

正　　　　反

擲一枚硬幣

事件有 4 種

ϕ 、{ }、{ }、{ ‖ Ω }

各種事件的個數如下

$|\phi| = 0$ 、 $\left| \right| = \left| \right| = 1$ 、 $|\Omega| = 2$

由機率計算公式 $P(A) = \dfrac{|A|}{|\Omega|}$ ，可以得到

$$P(\phi) = \frac{|\phi|}{|\Omega|} = \frac{0}{2} = 0$$

$$P(\{ \ \}) = \frac{|\{ \ \}|}{|\Omega|} = \frac{1}{2}$$

$$P(\{ \ \}) = \frac{|\{ \ \}|}{|\Omega|} = \frac{1}{2}$$

$$P(\Omega) = \frac{|\Omega|}{|\Omega|} = \frac{2}{2} = 1$$

$P(\phi) = 0$ 與 $P(\Omega) = 1$ 在任何時候皆成立。

2 6 丁半賭博中「丁」的機率和「半」的機率分別是多少？

丁半賭博是日本的一種擲骰遊戲，一次擲兩顆骰子，點數合計為偶數時稱「丁」，奇數時稱「半」。本節將說明如何計算丁半賭博的機率。

擲兩顆骰子時，全事件的樣本點數$|\Omega|$如次頁所示，$|\Omega| = 6 \times 6 = 36$ 個。

此時，設「丁」的事件為 A，則 A 有以下 18 個樣本點。

A（「丁」的事件）
$= \{(1, 1) \cdot (3, 1) \cdot (2, 2) \cdot (1, 3) \cdot (5, 1) \cdot (4, 2) \cdot (3, 3) \cdot$
$(2, 4) \cdot (1, 5) \cdot (6, 2) \cdot (5, 3) \cdot (4, 4) \cdot (3, 5) \cdot (2, 6) \cdot$
$(6, 4) \cdot (5, 5) \cdot (4, 6) \cdot (6, 6)\}$

故 $|A| = 18$，「丁」的機率 P(A) 可計算如下。

$$P(A) = \frac{|A|}{|\Omega|} = \frac{18}{36} = \frac{1}{2}$$

接著，設「半」的事件為 B，以同樣的方式計算出事件 B 的機率，計算過程如下。

B（「半」的事件）
$= \{(2, 1) \cdot (1, 2) \cdot (4, 1) \cdot (3, 2) \cdot (2, 3) \cdot (1, 4) \cdot (6, 1) \cdot$
$(5, 2) \cdot (4, 3) \cdot (3, 4) \cdot (2, 5) \cdot (1, 6) \cdot (6, 3) \cdot (5, 4) \cdot$
$(4, 5) \cdot (3, 6) \cdot (6, 5) \cdot (5, 6)\}$

故 $|B| = 18$，「半」的機率 P(B) 可計算如下。

$$P(B) = \frac{|B|}{|\Omega|} = \frac{18}{36} = \frac{1}{2}$$

也就是說，「丁」和「半」的機率都是$\frac{1}{2}$。

計算丁與半的機率

擲兩顆骰子「X」「Y」

Y 的點數 X 的點數	1	2	3	4	5	6
1	(1、1)	(1、2)	(1、3)	(1、4)	(1、5)	(1、6)
2	(2、1)	(2、2)	(2、3)	(2、4)	(2、5)	(2、6)
3	(3、1)	(3、2)	(3、3)	(3、4)	(3、5)	(3、6)
4	(4、1)	(4、2)	(4、3)	(4、4)	(4、5)	(4、6)
5	(5、1)	(5、2)	(5、3)	(5、4)	(5、5)	(5、6)
6	(6、1)	(6、2)	(6、3)	(6、4)	(6、5)	(6、6)

(i, j)：i = X 的點數、j = Y 的點數

事件 A = 擲出「丁」= 點數合計為偶數

事件 B = 擲出「半」= 點數合計為奇數

由上表可以知道

$$|A| = |B| = 18 \quad \text{※注意 } |\Omega| = 6 \times 6 = 36$$

因此

$$P(A) = \frac{|A|}{|\Omega|} = \frac{18}{36} = \frac{1}{2}$$

$$P(B) = \frac{|B|}{|\Omega|} = \frac{18}{36} = \frac{1}{2}$$

由以上結果可以知道

「丁」的機率與「半」的機率相等。

不會同時發生的「互斥事件」

前一節中談到如何計算丁半賭博的機率。本節則是要介紹**不會同時發生的事件**。

當事件 A 與事件 B 不存在相同的樣本點，也就是 A ∩ B = φ 的時候，就表示發生其中一起事件時，另一起事件絕對不會發生。此時事件 A 與事件 B 就叫做「**互斥事件**」。

舉例來說，擲一枚硬幣時，設 A、B 事件如下。

A = 擲出正面 = { 正 }
B = 擲出反面 = { 反 }

顯然，事件 A 與事件 B 不可能同時發生，故這兩個事件為互斥事件，當然 A ∩ B = φ 也成立。

擲一顆骰子時，設 A、B 事件如下。

A = 偶數點 = {2, 4, 6}
B = 奇數點 = {1, 3, 5}

事件 A 與事件 B 不可能同時發生，故這兩個事件為互斥事件。這個例子中，A ∩ B = φ 亦成立。

前一節的丁半賭博中需擲兩顆骰子，賭合計點數為奇數或偶數，設 A、B 事件如下。

A = 結果為「丁」= 點數合計為偶數
B = 結果為「半」= 點數合計為奇數

由於事件 A 與事件 B 不會同時發生，故

A ∩ B = ϕ

亦即，**事件 A 與事件 B 為互斥事件**。下一節將說明互斥事件的機率。

互斥事件沒有共通部分

事件 A 與事件 B 沒有共通部分

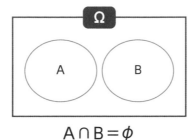

A∩B＝ϕ

此時，A 與 B 就是互斥事件

以丁半賭博為例

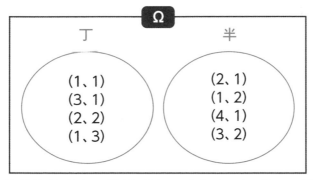

「丁」的結果與「半」的結果為互斥事件。如果這兩種結果不是互斥事件，賭博會變得一片混亂。

互斥的兩個「事件」有什麼關係？

當事件 A 與事件 B 為互斥事件，則這兩個事件之間會有什麼關係？舉例來說，一副拿掉鬼牌的撲克牌，牌數有 52 張（=13 × 4）。從中抽出一張牌時，設事件 A、B 分別為「A = 花色為黑桃的牌」「B = 花色為梅花的牌」，則 $P(A) = P(B) = \dfrac{13}{52} = \dfrac{1}{4}$。**而且，不可能抽出同時是黑桃也是梅花的牌，所以事件 A、B 為互斥事件。**另外，A∪B 代表抽出的牌花色為黑桃或梅花，故 $P(A \cup B) = \dfrac{26}{52} = \dfrac{1}{2}$，因此以下等式成立。

$$P(A \cup B) = \frac{1}{2} = \frac{1}{4} + \frac{1}{4} = P(A) + P(B)$$

由此可知，當事件 A 與事件 B 為互斥事件，則以下等式必成立，亦稱做「**加法規則**」。

$$P(A \cup B) = P(A) + P(B)$$

這是因為，當事件 A 與事件 B 為互斥事件，A 的樣本點個數 |A| 與 B 的樣本點個數 |B| 相加後，會等於 A∪B 的樣本點個數 |A∪B|，如次頁所示。

$$|A \cup B| = |A| + |B|$$

將等號兩邊分別除以全事件的樣本點個數 |Ω|，可以得到以下等式。

$$\frac{|A \cup B|}{|\Omega|} = \frac{|A|}{|\Omega|} + \frac{|B|}{|\Omega|}$$

接著，由機率的定義 $P(A) = \dfrac{|A|}{|\Omega|}$，便可以得到**加法規則** $P(A \cup B) = P(A) + P(B)$。

下一節中，將介紹餘事件的機率。

加法規則

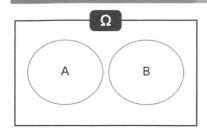

$$|A \cup B| = |A| + |B|$$

等號兩邊分別除以 $|\Omega|$

$$\frac{|A \cup B|}{|\Omega|} = \frac{|A|}{|\Omega|} + \frac{|B|}{|\Omega|}$$

由機率的定義

$$P(A \cup B) = P(A) + P(B)$$

由於 A 與 B 為互斥事件，故 $A \cap B = \phi$。

當 A 與 B 為互斥事件
$$P(A \cup B) = P(A) + P(B) \quad (\text{加法規則})$$

撲克牌的例子

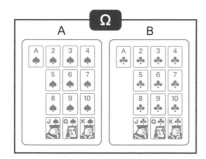

事件 A ＝抽到花色為黑桃的牌
事件 B ＝抽到花色為梅花的牌
A 與 B 為互斥事件（不會同時發生），
故 $A \cap B = \phi$。

全事件的樣本點個數 $|\Omega| = 52$
事件 A 的樣本點個數 $|A| =$ 事件 B 的樣本點個數 $|B| = 13$

抽到花色為黑桃的牌的機率 $P(A) = \dfrac{1}{4}$

抽到花色為梅花的牌的機率 $P(B) = \dfrac{1}{4}$

$$P(A \cup B) = \frac{1}{2} = \frac{1}{4} + \frac{1}{4}$$
$$= P(A) + P(B)$$

加法規則成立

29 發生「餘事件（非～的事件）」的機率是多少？

在**第 44 頁**中曾提到，「沒有發生事件 A 的事件」稱做 A 的「餘事件」，寫做 $\overline{A}$。

以擲兩顆骰子的丁半賭博為例。擲出「丁」（點數合計為偶數）的餘事件就是擲出「半」（點數合計為奇數）。

那麼，對於事件 A 而言，P(A) 與 P($\overline{A}$) 有什麼關係？

以在**第 52 頁**提到的丁半賭博為例，設「丁」為事件 A，機率 $P(A) = \frac{1}{2}$；「半」是 A 的餘事件 $\overline{A}$，機率 $P(\overline{A}) = \frac{1}{2}$。兩者相加，可以得到

$$P(A) + P(\overline{A}) = \frac{1}{2} + \frac{1}{2} = 1$$

這樣的結果並非偶然。事實上，**對於任何事件 A，上式皆成立**。而且，因為事件 A 以及它的餘事件（沒有發生事件 A 的事件）不存在共通部分，故以下關係成立。

$$A \cap \overline{A} = \phi$$

這表示**無論何時，A 與 $\overline{A}$ 必為互斥事件**，並且由前一節學到的加法規則，可以知道 $P(A \cup \overline{A}) = P(A) + P(\overline{A})$ 必成立。

另一方面，由 $A \cup \overline{A} = \Omega$，可以知道 $P(A \cup \overline{A}) = P(\Omega) = 1$，故可以得到

$$P(A) + P(\overline{A}) = 1$$

下一節中，將介紹條件機率。

不發生某事件的機率

擲兩顆骰子時

結果為「丁」的機率　$P(A) = \dfrac{1}{2}$

結果為「半」的機率　$P(\overline{A}) = \dfrac{1}{2}$

兩者相加，可以得到

$$P(A) + P(\overline{A}) = \dfrac{1}{2} + \dfrac{1}{2} = 1$$

事實上，對於任何事件 A，$P(A) + P(\overline{A}) = 1$ 皆成立。

一般情況下

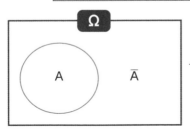

A 與 $\overline{A}$ 沒有共通部分

（A 與 $\overline{A}$ 為互斥事件，故 $A \cap \overline{A} = \phi$ ）

由加法規則，可以知道　$P(A \cup \overline{A}) = P(A) + P(\overline{A})$ 。

又因為事件 A 與餘事件 $\overline{A}$ 合起來即為全事件 Ω，且 $P(\Omega) = 1$，故

$$P(A) + P(\overline{A}) = 1$$

也可以寫成　$P(\overline{A}) = 1 - P(A)$

什麼是「條件機率」？

本節要說明的是「**條件機率**」。其實在日常生活中，很常碰到這個概念。譬如「日本職棒樂天金鷲隊的勝率是五成，但是在主場比賽時的狀況特別好，勝率高達七成」「X 選手不擅長面對左投，但面對右投時的打擊率高達四成」等。在第一個例子中，加上「在主場比賽」的條件後，機率會改變；同樣的，在第二個例子中，加上「面對右投手」的條件後，機率會改變。

以下用擲一顆骰子的例子來說明，設 A、B 事件如下。

A = 點數為 1 = $\{1\}$
B = 點數為奇數 = $\{1, 3, 5\}$

請想一想「擲出奇數點時，點數為 1 點的機率是多少？」這個問題。奇數點共有 1、3、5 三種，所求為三種點數中出現一種點數的機率，故答案為「$\frac{1}{3}$」。這種「**以發生事件 B 為前提**」**之事件 A 發生的機率可寫為 P(A|B)，稱做「在發生事件 B 的條件下，發生事件 A 的『條件機率』」**。

由以下式子可求出 $P(A|B)$

$$P(A|B) = \frac{|A \cap B|}{|B|}$$

上例中，$|A \cap B| = |A| = 1$、$|B| = 3$，故

$$P(A|B) = \frac{|A \cap B|}{|B|} = \frac{1}{3}$$

下一節中，將介紹「**乘法規則**」。

條件機率

以擲一顆骰子為例

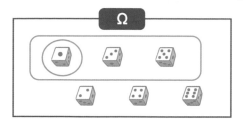

出現 1 點的事件　A ＝ {}

出現奇數點的事件　B ＝ {　、　、　}

出現奇數點且
為 1 點的事件　A∩B ＝ {　}

出現奇數點且為 1 點
的事件的樣本點個數　|A∩B| ＝ |{　}| ＝ 1

出現奇數點的事件的樣本點個數　|B| ＝ |{　、　、　}| ＝ 3

擲出奇數點時，點數為 的機率為

$$P(A|B) = \frac{|A \cap B|}{|B|} = \frac{1}{3}$$

在發生事件 B 的條件下，發生事件 A 的「條件機率」為

$$P(A|B) = \frac{|A \cap B|}{|B|}$$

學會使用方便的「乘法規則」

前一節中介紹了「在發生事件 B 的條件下，發生事件 A 的『條件機率』，$P(A|B) = \dfrac{|A \cap B|}{|B|}$」。但是，如果不知道事件的個數，就沒辦法用這個式子，所以這條式子其實不太好用。如果知道各個事件發生的機率，就可以將這條式子改寫成比較好用的形式。首先，將上式的分子與分母同除以 $|\Omega|$，可以得到

$$P(A|B) = \frac{\dfrac{|A \cap B|}{|\Omega|}}{\dfrac{|B|}{|\Omega|}}$$

而由機率的定義，可以知道 $P(A \cap B) = \dfrac{|A \cap B|}{|\Omega|}$、$P(B) = \dfrac{|B|}{|\Omega|}$，故可以得到

$$P(A|B) = \frac{P(A \cap B)}{P(B)}$$

這也是「**條件機率的定義**」。將等號兩邊分別乘上 $P(B)$，可以得到

$$P(A \cap B) = P(A|B) \times P(B)$$

這條式子稱做「**乘法規則**」。讓我們試著用乘法規則來計算前一節的問題：擲一顆骰子時，設事件 A = 擲出 1 點 = {1}、事件 B = 擲出奇數點 = {1, 3, 5}。此時，$P(A|B)$（擲出奇數點時，點數為 1 的機率）是多少？

由 $A \cap B = \{1\}$，可以得到 $P(A \cap B) = \dfrac{1}{6}$。而 $P(B) = \dfrac{3}{6} = \dfrac{1}{2}$。

由乘法規則，可以得到 $P(A|B) = \dfrac{P(A \cap B)}{P(B)} = \dfrac{1}{3}$。與前節計算出來的結果相同。

條件機率的計算方法

在發生事件 B 的條件下，
發生事件 A 的機率（條件機率）

$$P(A|B) = \frac{|A \cap B|}{|B|}$$

為了使用機率的定義，將等號右邊的分子、分母分別除以 $|\Omega|$

機率的定義　$P(A \cap B) = \dfrac{|A \cap B|}{|\Omega|}$

$$P(B) = \frac{|B|}{|\Omega|}$$

$$P(A|B) = \frac{\dfrac{|A \cap B|}{|\Omega|}}{\dfrac{|B|}{|\Omega|}} = \frac{P(A \cap B)}{P(B)} \quad \cdots *$$

$$P(A \cap B) = P(A|B) \times P(B) \qquad \textbf{乘法規則}$$

擲一顆骰子的例子

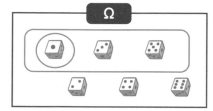

$$\Omega$$

事件 A = 擲出 1 點
事件 B = 擲出奇數點

A = {⚀}

B = {⚀、⚂、⚄}

因此，A 與 B 同時發生的事件

$A \cap B = \{⚀\}$

$$P(A \cap B) = \frac{1}{6}$$

$$P(B) - \frac{3}{6} = \frac{1}{2}$$

由 *

$$P(A|B) = \frac{P(A \cap B)}{P(B)}$$

$$= \frac{\dfrac{1}{6}}{\dfrac{1}{2}} = \frac{2}{6} \boxed{= \frac{1}{3}}$$

與前節計算出來的數值相同。

不被其他事件影響的「獨立事件」

假設有事件 A、B，且「在發生事件 B 的條件下，發生事件 A 的機率」與「單純發生事件 A 的機率」相等，以等式表示如下。

$$P(A|B) = P(A)$$

這表示不管有沒有發生事件 B，發生事件 A 的機率都不會改變。因此，A 與 B 彼此「**獨立**」，互為「**獨立事件**」。

將上式代入前一節學到的乘法規則「$P(A \cap B) = P(A|B) \times P(B)$」，可以得到

$$P(A \cap B) = P(A) \times P(B)$$

因此，以上等式可以視為 A 與 B 兩個事件彼此獨立的條件。

以下提供一個獨立事件的例子。雖然不大符合現實，但應該很好理解。

日本職棒阪神虎隊經過 100 場比賽後，戰績為 60 勝 40 敗，勝率為 0.6。其中，主場的 20 場比賽為 12 勝 8 敗，勝率亦為 0.6。設 A、B 事件如下。

A = 比賽獲勝、B = 在主場比賽

則 $A \cap B$ = 在主場比賽且獲勝。 故 $P(A) = \dfrac{60}{100} = 0.6$、$P(B) = \dfrac{20}{100} = 0.2$、$P(A \cap B) = \dfrac{12}{100} = 0.12$。又

$$P(A \cap B) = 0.12 = 0.6 \times 0.2 = P(A) \times P(B)$$

　　因此，**事件 A 與事件 B 為獨立事件**。也就是說，是否在主
場比賽，不影響阪神虎的勝負。

獨立事件的計算方法

「在發生事件 B 的條件下，發生事件 A 的機率」P(A|B)
與「發生事件 A 的機率」P(A) 相等時

$$P(A|B) = P(A)$$

表示事件 B 不會影響到事件 A 的發生機率。

A 與 B 彼此獨立，互為獨立事件

由乘法規則 $P(A \cap B) = P(A|B) \times P(B)$

$$P(A \cap B) = P(A) \times P(B)$$

以阪神虎的戰績為例

阪神虎：100 場比賽中　　60 勝 40 敗：勝率 0.6
主場：20 場比賽中　　12 勝 8 敗：勝率 0.6

事件 A
（比賽獲勝）

事件 B
（在主場比賽）

$$P(A) = \frac{60}{100} = 0.6 \qquad P(B) = \frac{20}{100} = 0.2$$

事件 A ∩ B
（在主場比賽，且獲勝）　$P(A \cap B) = \frac{12}{100} = 0.12$

$$P(A) \times P(B) = 0.6 \times 0.2 = 0.12 = P(A \cap B)$$

由乘法規則可以知道，事件 A 與事件 B 彼此獨立。不管在主場
還是客場比賽，都不影響比賽勝率。

| 問題 2-1 | 擲兩顆骰子。試求在擲出「丁」（點數合計為偶數）時，點數為 (6, 6) 的條件機率。 |

| 問題 2-2 | 擲兩顆骰子。試求在擲出「丁」（點數合計為偶數）時，點數和小於等於 4 的條件機率。 |

| 問題 2-3 | 擲兩顆骰子。試求在擲出「丁」（點數合計為偶數）時，點數為 (1, 2) 的條件機率。 |

| 2-1 解答 | 設兩顆骰子的點數皆為「6」的事件為事件 A，A = {(6, 6)}。設擲出「丁」（點數合計為偶數）的事件為事件 B。擲兩顆骰子時，事件 A（兩顆骰子皆為 6）的機率為 $\frac{1}{36}$。擲兩顆骰子時，擲出「丁」（點數合計為偶數）的機率為 $\frac{18}{36}$。 |

在發生事件 B 的條件下，發生事件 A 的機率可寫成

$$P(A|B) = \frac{P(A \cap B)}{P(B)} \text{，故} P(A|B) = \frac{\frac{1}{36}}{\frac{18}{36}} \text{，將分子分母}$$

同乘以 36 後，可以得到 $\frac{1}{18}$。

故所求機率 $P(A|B)$ 為 $\frac{1}{18}$。

2-2 解答

設事件 A = {(1, 1), (1, 3), (2, 2), (3, 1)}、事件 B = 擲出「丁」（點數合計為偶數）。擲兩顆骰子時，事件 A（兩顆骰子的點數和為小於等於 4 之偶數）的機率為 $\frac{4}{36}$。擲兩顆骰子時，擲出「丁」（點數合計為偶數）的機率則是 $\frac{18}{36}$。

在發生事件 B 的條件下，發生事件 A 的機率可寫成

$$P(A|B) = \frac{P(A \cap B)}{P(B)} \text{，故} P(A|B) = \frac{\frac{4}{36}}{\frac{18}{36}} \text{。}$$

故所求機率 $P(A|B) = \dfrac{\frac{4}{36}}{\frac{18}{36}} = \dfrac{4}{18} = \dfrac{2}{9}$。

2-3 解答

設事件 A = {(1, 2)}，即一顆骰子的點數為 1，另一顆骰子的點數為 2。設事件 B = 擲出「丁」（點數合計為偶數）。因為發生事件 A 時一定是「半」（點數合計為奇數），故「在發生事件 B 的條件下，發生事件 A 的機率」一定是 0。

故所求機率 $P(A|B) = \dfrac{\frac{0}{36}}{\frac{18}{36}} = \dfrac{0}{18} = 0$。

2 首位數字的出現機率會符合「班佛定律」

接續**專欄 1** 的內容，我們調查了 1154 種虛擬貨幣之現價總額的首位數字，結果如下表所示。

首位數字	1	2	3	4	5	6	7	8	9	合計
次數	362	180	134	107	92	77	90	67	45	1154
%	31.4	15.6	11.6	9.3	8.0	6.7	7.8	5.8	3.9	100.1※

※ 這裡的百分比數字，是將各個首位數字出現的次數除以 1154，再四捨五入至小數點第一位。
　因為四捨五入時會產生誤差，故百分比加總後不是 100，而是 100.1。

結果和我們前面的猜測不一樣，現價總額之首位數字的**次數比例各不相同**。不是每個數字出現在首位的機率都是 $\frac{1}{9}$ = 0.111…，即約 11%。**像是「1」這種比較小的數字，比較容易出現在首位。** 事實上，首位數字為「1」的機率高達 30%，幾乎占了 $\frac{1}{3}$。隨著數字的增加，出現在首位的頻率也愈來愈低。「9」出現在首位的機率更是只有 4%。

虛擬貨幣之現價總額的首位數字分配，會服從所謂的**班佛定律**。1938 年，物理學家法蘭克·班佛（Frank Benford）説明了這個現象，於是人們便以他的名字命名這個定律。

但事實上，早在 1881 年，身為天文學家、數學家，同時也是科幻小説家的西蒙·紐康（Simon Newcomb）便提出了這項觀察。詳情請參考**專欄 3**。

第 **3** 章

隨機變數

本章將詳細介紹什麼是**隨機變數**。自本章起，我們會用隨機變數來計算具體事件的機率。首先我們會定義隨機變數的「期望值」「變異數」「標準差」，然後用簡單的擲骰子為例，實際計算出各種事件的機率。

3
1

由偶然決定數值的「隨機變數」

前一章中，我們學到了機率的基礎性質，並說明了如何計算某行為可能出現之各種結果的機率。

在第 3 章與第 4 章中，我們將以此為基礎，討論某行為可能出現的所有結果。所有可能的結果合起來會形成一個「**分配**」。用統計學研究各種事物時，必須考慮所有可能的結果。本章將先說明什麼是「**隨機變數**」，做為統計學的準備知識。

以擲一顆骰子為例。設擲出點數為 X，那麼 X 可能是 1、2、3、4、5、6，故 X 是一個變數（非一定數值的數）。X 的數值，需由擲骰子的結果決定。

X = 1 這個事件，也就是擲出 1 點的事件，其機率可寫為 P(X = 1)，其值為

$$P(X = 1) = \frac{1}{6}$$

由於 X = 1 這個事件可以寫成 {X = 1}，故 P(X = 1) 有時也會寫成 P({X = 1})。同樣的，X = 1 以外情況的機率如下。

$$P(X = 2) = \cdots = P(X = 6) = \frac{1}{6}$$

這種**由試驗結果（例如擲硬幣或擲骰子等，基於偶然的結果）決定數值的變數**，稱做**隨機變數**。隨機變數常會用 X、Y、Z 等大寫字母表示。

下一節中，我們將介紹隨機變數的計算。

什麼是隨機變數？

由試驗結果決定數值的變數

隨機變數

以擲一顆骰子為例

隨機變數 X 為擲出的點數

{X=1} 為擲出 1 點的事件

$$P(X=1) = P(\{X=1\}) = \frac{1}{6}$$

同樣的，$P(X=2) = P(X=3) = \cdots = P(X=6) = \frac{1}{6}$

以擲一枚公正硬幣為例

隨機變數 Y 表示硬幣是哪一面。設正面時 Y 為「0」、反面時 Y 為「1」

{Y=0} 為擲出正面的事件   {Y=1} 為擲出反面的事件

$$P(Y=0) = P(Y=1) = \frac{1}{2}$$

由擲硬幣與擲骰子的結果決定數值的變數，
此變數稱做隨機變數。

3
2
利用機率的性質，讓機率的計算變簡單

本節中，以前一節的題目為例，試著用隨機變數來解題。

設擲一顆骰子時的點數為 X，點數大於等於 5 點的事件包括 $\{X = 5\}$ 或 $\{X = 6\}$，也就是 $\{X \geq 5\}$。因此，$\{X \geq 5\}$ 這個「點數大於等於 5 點」的事件，可以表示為 $\{X = 5\}$（點數為 5 點的事件）與 $\{X = 6\}$（點數為 6 的事件）的聯集。即

$$\{X \geq 5\} = \{X = 5\} \cup \{X = 6\}$$

而且，$\{X = 5\}$ 與 $\{X = 6\}$ 為互斥事件。也就是說

$$\{X = 5\} \cap \{X = 6\} = \phi$$

另一方面，由在第 2 章中介紹的加法規則可以知道，當事件 A 與事件 B 為互斥事件，則以下等式成立。

$$P(A \cup B) = P(A) + P(B)$$

設 A = $\{X = 5\}$、B = $\{X = 6\}$，則 A $\cup$ B = $\{X \geq 5\}$。再使用上述加法規則，可以得到

$$P(X \geq 5) = P(X = 5) + P(X = 6)$$
$$= \frac{1}{6} + \frac{1}{6} = \frac{2}{6} = \frac{1}{3}$$

如上所示，**事件機率乍看之下有些複雜，不過只要善用機率的性質，便能輕鬆計算出來。**

　　下一節中將說明什麼是「**機率分配**」，幫助各位理解隨機變數的性質。

計算機率

設隨機變數 X 為擲一顆骰子時的點數

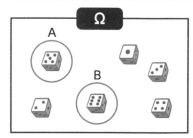

擲出大於等於 5 點的事件為

$\{X \geq 5\} = \{$ 、 $\}$

$\qquad = \{$ $\} \cup \{$ $\}$

$\qquad = \{X=5\} \cup \{X=6\}$

$\qquad = A \cup B$

設 $A = \{X = 5\}$、$B = \{X = 6\}$

$A \cap B = \phi$，故 A 與 B 為互斥事件。

使用在第 2 章中講解過的「加法規則」

$$P(A \cup B) = P(A) + P(B)$$

可以得到

$$P(X \geq 5) = P(X=5) + P(X=6)$$

$$= \frac{1}{6} + \frac{1}{6}$$

$$= \frac{2}{6}$$

$$= \frac{1}{3}$$

3

隨機變數和與之對應的「機率分配」

本節要介紹的是**機率分配**。這裡再以擲骰子為例，設擲出點數為 X，則

$$P(X = 1) = \cdots = P(X = 6) = \frac{1}{6}$$

隨機變數 X 的數值以及其發生機率可列表如下。

X 的數值	1	2	3	4	5	6
機率	$\frac{1}{6}$	$\frac{1}{6}$	$\frac{1}{6}$	$\frac{1}{6}$	$\frac{1}{6}$	$\frac{1}{6}$

如上表所示，**隨機變數（本例中為 X）的每個值，分別對應了一個機率，稱做這個隨機變數的機率分配**。我們可以由機率分配，迅速掌握隨機變數 X 每個數值的機率，十分方便。另外，還可以把機率分配畫成長條圖或折線圖（見次頁），以視覺化的方式呈現，使機率的分布情況一目了然。

讓我們再用另一個例子來說明。第 2 章中曾提到丁半賭博。擲兩顆骰子，設「丁」（偶數）為「Y = 0」、「半」（奇數）為「Y = 1」（將丁與半改寫為變數的數值）。隨機變數 Y 的值只有可能是 0 或 1。如同在第 52 頁中所計算的，擲出丁與擲出半的機率都是 $\frac{1}{2}$，故 $P(Y = 0) = P(Y = 1) = \frac{1}{2}$，隨機變數 Y 的機率分配如下表所示。

Y 的數值	0	1
機率	$\frac{1}{2}$	$\frac{1}{2}$

如何求出機率分配？

確認隨機變數每個數值的機率

〈例 1〉設隨機變數 X 為擲骰子一次時出現的點數

$$P(X=1)=P(X=2)=\cdots=P(X=6)=\frac{1}{6}$$

隨機變數 X 的機率分配
如下圖、下表所示。

X 的數值	1	2	3	4	5	6	合計
機率	$\frac{1}{6}$	$\frac{1}{6}$	$\frac{1}{6}$	$\frac{1}{6}$	$\frac{1}{6}$	$\frac{1}{6}$	1

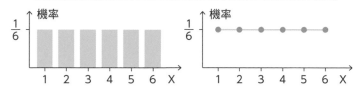

〈例 2〉設隨機變數 Y 的數值由擲兩顆骰子的結果決定

$$\{Y=0\}=\{\text{點數合計為偶數}\}=\{\text{丁}\}$$

$$\{Y=1\}=\{\text{點數合計為奇數}\}=\{\text{半}\}$$

$$P(Y=0)=P(Y=1)=\frac{1}{2}$$

隨機變數 Y 的機率分配
如下圖、下表所示。

Y 的數值	0	1	合計
機率	$\frac{1}{2}$	$\frac{1}{2}$	1

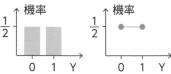

長條圖或折線圖可以讓機率分配看起來一目了然。

機率合計為「1」

本節以擲骰子為例，討論**一般情況下，隨機變數 X 的機率分配**。這個主題聽起來有些抽象，但之後會一直出現相同的符號，多看幾次就能逐漸習慣。

一般情況下，會設隨機變數 X 的 n 個值分別為 $x_1, x_2, \cdots, x_n$。以擲一顆骰子為例，$n = 6$，故

$$x_1 = 1 \text{、} x_2 = 2 \text{、} \cdots \text{、} x_6 = 6$$

對於任何隨機變數 X，若

$$P(X = x_k) = p_k \quad (k = 1 \text{、} 2 \text{、} \cdots \text{、} n)$$

則以下敘述必成立。

① $0 \leqq p_1, p_2 \cdots, p_n \leqq 1$

② $p_1 + p_2 + \cdots + p_n = 1$

以擲一顆骰子為例，可以得到

$$p_1 = \frac{1}{6} \text{、} p_2 = \frac{1}{6} \text{、} \cdots \text{、} p_6 = \frac{1}{6}$$

這個例子中，確實①、②都成立。

因此，隨機變數 X 的機率分配如下表所示。

X 的數值	x_1	x_2	$\cdots$	x_n	合計
機率	p_1	p_2	$\cdots$	p_n	1

如前一節所述，**機率分配能讓我們看出隨機變數 X 等於各數值的機率**。如果用長條圖或折線圖來表示，機率分配就會更

一目了然。

　　下一節中，將介紹如何計算隨機變數的平均值。

一般情況下，隨機變數的機率分配

設隨機變數 X 的可能數值為 $x_1, x_2, \cdots, x_n$，且

$$P(X = x_k) = p_k \quad (k = 1、2、\cdots、n)$$

則以下敘述必成立

---

❶ $0 \leqq p_1, p_2, \cdots, p_n \leqq 1$

❷ $p_1 + p_2 + \cdots + p_n = 1$

將 X 的機率分配整理成表

X 的數值	x_1	x_2	$\cdots$	x_n	合計
機率	p_1	p_2	$\cdots$	p_n	1

以擲一顆骰子為例

隨機變數 X 的數值有 6 種可能，n = 6，故

$$x_1 = 1、\quad x_2 = 2、\cdots、\quad x_6 = 6$$

$$p_1 = \frac{1}{6}、\quad p_2 = \frac{1}{6}、\cdots、\quad p_6 = \frac{1}{6}$$

X 的數值	1	2	3	4	5	6	合計
機率	$\frac{1}{6}$	$\frac{1}{6}$	$\frac{1}{6}$	$\frac{1}{6}$	$\frac{1}{6}$	$\frac{1}{6}$	1

計算隨機變數 X 的期望值

本節將說明如何計算**隨機變數的期望值**。設隨機變數 X 的機率分配如下。

X 的數值	x_1	x_2	$\cdots$	x_n	合計
機率	p_1	p_2	$\cdots$	p_n	1

此時，「$x_1p_1 + x_2p_2 + \cdots + x_np_n$」稱做隨機變數 X 的「**平均值**」，或者是「**期望值**」，以 E(X) 表示。E(X) 的 E 源自期望值英文 expectation 的首字母。設擲一顆骰子得到的點數為 X，求其平均點數是多少。如前一節所述，n = 6，故

$$x_1 = 1 、 \quad x_2 = 2 、 \cdots 、 x_6 = 6$$
$$p_1 = \frac{1}{6} 、 \quad p_2 = \frac{1}{6} 、 \cdots 、 p_6 = \frac{1}{6}$$

由隨機變數的平均值公式，可計算如下。

$$E(X) = x_1p_1 + x_2p_2 + \cdots + x_6p_6$$
$$= 1 \times \frac{1}{6} + 2 \times \frac{1}{6} + \cdots + 6 \times \frac{1}{6}$$
$$= \frac{21}{6} = \frac{7}{2} = 3.5$$

但是，與其將 E(X) 稱做平均值，稱其為期望值比較恰當。以**日本彩券**為例，對常買彩券的人來說，期望值是很重要的數字。實際計算後會發現，日本彩券的平均價值約為其售價的一半。如果一張日本彩券是 200 日圓，平均價值約為 100 日圓。這個計算結果暗示了「**買愈多日本彩券，回收的金額愈接近投資金額的一半**」這個恐怖的事實。

隨機變數 X 期望值的計算方法

隨機變數 X 的機率分配

X 的數值	x_1	x_2	$\cdots$	x_n	合計
機率	p_1	p_2	$\cdots$	p_n	1

隨機變數 X 的期望值

$$E(X) = x_1 p_1 + x_2 p_2 + \cdots + x_n p_n$$

以擲一顆骰子為例

隨機變數 X 的可能數值為

X 的數值	1	2	3	4	5	6	合計
機率	$\dfrac{1}{6}$	$\dfrac{1}{6}$	$\dfrac{1}{6}$	$\dfrac{1}{6}$	$\dfrac{1}{6}$	$\dfrac{1}{6}$	1

也就是說，n = 6 時

$$x_1 = 1 、\quad x_2 = 2 、\cdots、 x_6 = 6$$

$$p_1 = \frac{1}{6} 、\quad p_2 = \frac{1}{6} 、\cdots、 p_6 = \frac{1}{6}$$

計算期望值為

$$E(X) = x_1 p_1 + x_2 p_2 + \cdots + x_6 p_6$$

$$= 1 \times \frac{1}{6} + 2 \times \frac{1}{6} + \cdots + 6 \times \frac{1}{6}$$

$$= (1 + 2 + \cdots + 6) \times \frac{1}{6} = \frac{21}{6} = \frac{7}{2} = 3.5$$

因此，隨機變數 X 的期望值 E(X) = 3.5。

3
6
即使各個事件的機率不一樣，也能求出期望值 E(X)

設隨機變數 X 的機率分配如下。

X 的數值	x_1	x_2	$\cdots$	x_n	合計
機率	p_1	p_2	$\cdots$	p_n	1

期望值 E(X) 的定義為 $E(X) = x_1p_1 + x_2p_2 + \cdots + x_np_n$。在第 1 章中曾提到，n 筆數值 $x_1, x_2, \cdots, x_n$ 的平均值 $\overline{x}$ 為

$$\overline{x} = \frac{x_1 + x_2 + \cdots + x_n}{n}$$

事實上，E(X) 與 $\overline{x}$ 之間有很密切的關係。由以下算式可確認這點。

首先，$\overline{x}$ 可變形如下。

$$x_1 \times \frac{1}{n} + x_2 \times \frac{1}{n} + \cdots + x_n \times \frac{1}{n}$$

此時，設

$$p_1 = \frac{1}{n} \,、\, p_2 = \frac{1}{n} \,、\, \cdots \,、\, p_n = \frac{1}{n}$$

便可以得到

$$\overline{x} = x_1 p_1 + x_2 p_2 + \cdots + x_n p_n = E(X)$$

由這個結果可以知道，像是擲骰子這種「各數值機率相等之隨機變數 X」，其期望值 E(X) 會與 n 筆數值 $x_1, x_2, \cdots, x_n$ 的平均值相同。不過，**不管各數值機率是否相同，都可以用前述方法計算出期望值 E(X)。**

下一節中，我們將介紹隨機變數的變異數。

期望值 E(X)

n 個數值 $x_1, x_2, \cdots, x_n$ 的平均值 $\bar{x}$ 會等於

$$\bar{x} = \frac{x_1 + x_2 + \cdots + x_n}{n} \quad \cdots ★$$

假設隨機變數 X 的可能數值為 $x_1, x_2, \cdots, x_n$，那麼期望值 E(X) 與平均值 $\bar{x}$ 的關係是什麼呢？

X 的數值	x_1	x_2	$\cdots$	x_n	合計
機率	p_1	p_2	$\cdots$	p_n	1

隨機變數 X 的期望值 $E(X) = x_1 p_1 + x_2 p_2 + \cdots + x_n p_n$

★式之等號右邊 $= x_1 \times \dfrac{1}{n} + x_2 \times \dfrac{1}{n} + \cdots + x_n \times \dfrac{1}{n}$

當 $p_1 = \dfrac{1}{n}$、$p_2 = \dfrac{1}{n}$、$\cdots$、$p_n = \dfrac{1}{n}$

各數值出現的機會相等

$$\bar{x} = x_1 p_1 + x_2 p_2 + \cdots + x_n p_n = E(X)$$

若隨機變數之每個數值的出現機率相等，則期望值 E(X) 會等於各數值的平均值。

3

7

「標準差」是變異數的正平方根

變異數可以表示一群數值的分散程度。由在第 1 章中談到的變異數定義可以進一步推論出，隨機變數 X 之變異數的計算方式如次頁所示。設隨機變數 X 的機率分配如下。

X 的數值	x_1	x_2	...	x_n	合計
機率	p_1	p_2	...	p_n	1

為求簡單，令隨機變數 X 的期望值 E(X) 為 m。m 為英文平均值 mean 的首字母。

此時，隨機變數 X 的「**變異數**」可由以下公式計算出來。

$$(x_1 - m)^2 p_1 + (x_2 - m)^2 p_2 + \cdots + (x_n - m)^2 p_n$$

X 的變異數常寫做 V(X)。V 為變異數的英文 variance 的首字母。另外，變異數 V(X) 的正平方根是 X 的**標準差**，寫做 $\sigma(X)$，即 $\sigma(X) = \sqrt{V(X)}$。標準差（standard deviation）的首字母「s」相當於希臘字母的 σ (sigma)，故以此符號表示標準差。$\sigma(X)$ 讀做「sigma X」

變異數或標準差愈小時，表示隨機變數各個數值愈集中在平均值附近，分散程度愈小。相反的，變異數或標準差愈大時，表示各個數值愈遠離平均值，分散程度愈大。

之所以要再取平方根，算出標準差，是為了讓單位與原始變數測量單位一致。舉例來說，假設變數的單位是 cm，在計算變異數時會將數值平方，此時 cm 也會一併平方。**想使用和變數相同的單位來表示分散程度時，就會用變異數的平方根，也就是標準差。**

如何計算隨機變數的變異數？

設有 n 個數值為 $x_1, x_2, \cdots, x_n$，則其變異數為

$$\frac{(x_1 - \overline{x})^2 + (x_2 - \overline{x})^2 + \cdots + (x_n - \overline{x})^2}{n}$$

其中，$\overline{x} = \dfrac{x_1 + x_2 + \cdots + x_n}{n}$

隨機變數 X 的變異數 V(X)

設隨機變數 X 的機率分配如下

X 的數值	x_1	x_2	$\cdots$	x_n	合計
機率	p_1	p_2	$\cdots$	p_n	1

此時，隨機變數的變異數為

$$V(X) = (x_1 - m)^2 p_1 + (x_2 - m)^2 p_2 + \cdots + (x_n - m)^2 p_n$$

※ m = 隨機變數 X 的期望值 E(X)

 $\sigma(X) = \sqrt{V(X)}$ 為隨機變數 X 的標準差

V(X) 與 σ(X) 皆可表示隨機變數 X 的分散程度

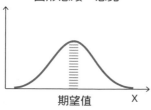

V(X)、σ(X) 愈大，
圖形愈矮、愈寬

期望值　X

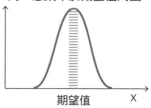

V(X)、σ(X) 愈小，圖形愈
高、愈集中於期望值周圍

期望值　X

「平均值前後一個標準差」是最常 出現的數值

前一節提到，設隨機變數 X 的機率分配如下。

X 的數值	x_1	x_2	⋯	x_n	合計
機率	p_1	p_2	⋯	p_n	1

那麼隨機變數 X 的變異數 V(X) 與期望值 m（= E(X)）之間有以下關係。

$$V(X) = (x_1 - m)^2 p_1 + (x_2 - m)^2 p_2 + \cdots + (x_n - m)^2 p_n$$

本節中，將帶各位用實際例子計算數據的變異數。設擲一顆骰子時出現的點數為 X，試求 X 的變異數。

就像之前的例子一樣，n = 6，故

$x_1 = 1$、　$x_2 = 2$、　⋯、　$x_6 = 6$

$p_1 = \dfrac{1}{6}$、　$p_2 = \dfrac{1}{6}$、　⋯、　$p_6 = \dfrac{1}{6}$

另一方面，在**第 78 頁**已計算出期望值 m 為 3.5。由變異數 V(X) 的公式可求得

$$V(X) = (x_1 - m)^2 p_1 + \cdots + (x_6 - m)^2 p_6 = \frac{35}{12} \, (\doteqdot 2.92)$$

標準差 $\sigma(X)$ 為變異數的平方根，故

$$\sigma(X) = \sqrt{V(X)} = \sqrt{\frac{35}{12}} \doteqdot 1.71$$

擲骰子結果的期望值為 3.5，**標準差 1.71 則代表擲出結果的分散程度，且中心位於 3.5 的位置。**由定義計算出來的結果可知，擲很多次這顆骰子時，所有擲出結果的平均值，有很高

的機率會落在 3.5 加減 1.71 的範圍內，也就是 1.79（= 3.5 - 1.71）～ 5.21（= 3.5 + 1.71）之間。

計算變異數的方法

隨機變數 X 的機率分配

X 的數值	x_1	x_2	$\cdots$	x_n	合計
機率	p_1	p_2	$\cdots$	p_n	1

變異數 $V(X) = (x_1 - m)^2 p_1 + (x_2 - m)^2 p_2 + \cdots + (x_n - m)^2 p_n$

　　　　　　　　　　※m = E(X) 為各數值的平均值。

以擲一顆骰子為例

隨機變數 X 為骰子點數

X 的數值	1	2	3	4	5	6	合計
機率	$\frac{1}{6}$	$\frac{1}{6}$	$\frac{1}{6}$	$\frac{1}{6}$	$\frac{1}{6}$	$\frac{1}{6}$	1

因此，$x_1 = 1$、$x_2 = 2$、$\cdots$、$x_6 = 6$

$p_1 = \dfrac{1}{6}$、$p_2 = \dfrac{1}{6}$、$\cdots$、$p_6 = \dfrac{1}{6}$

且 $m = E(X) = 1 \times \dfrac{1}{6} + 2 \times \dfrac{1}{6} + \cdots + 6 \times \dfrac{1}{6}$

$$= \frac{1+2+3+4+5+6}{6} = 3.5$$

故變異數 $V(X) = (x_1 - m)^2 p_1 + (x_2 - m)^2 p_2 + \cdots + (x_6 - m)^2 p_6$

$$= (1-3.5)^2 \times \frac{1}{6} + (2-3.5)^2 \times \frac{1}{6} + \cdots + (6-3.5)^2 \times \frac{1}{6} = \frac{35}{12} \doteqdot 2.92$$

標準差為

$\sigma(X) = \sqrt{V(X)}$

$= \sqrt{\dfrac{35}{12}} \doteqdot 1.71$

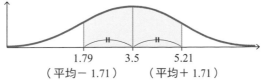

1.79　　3.5　　5.21
（平均 - 1.71）　（平均 + 1.71）

擲一顆骰子多次，點數的平均值會有很高的機率介於 1.79 至 5.21 之間。

問題
3-1

設擲兩顆骰子時，兩骰子點數差的絕對值為 X。
試求 X 的期望值。

3-1
解答

● 差為 0 時
　(1、1)、(2、2)、(3、3)、(4、4)、(5、5)、(6、6)
　　　　　　　　　　　　　　　　　　共 6 種情況
● 差為 1 時
　(1、2)、(2、1)、(2、3)、(3、2)、(3、4)、(4、3)、
　(4, 5)、(5、4)、(5、6)、(6、5)**共 10 種情況**

● 差為 2 時
　(1、3)、(3、1)、(2、4)、(4、2)、(3、5)、(5、3)、
　(4、6)、(6、4)**共 8 種情況**

● 差為 3 時
　(1、4)、(4、1)、(2、5)、(5、2)、(3、6)、(6、3)
　　　　　　　　　　　　　　　　　　共 6 種情況
● 差為 4 時
　(1、5)、(5、1)、(2、6)、(6、2)**共 4 種情況**

● **差為 5 時**

　(1、6)、(6、1) **共 2 種情況**

因此，兩骰子點數差的絕對值 X 的機率分配如下所示。

絕對值 X 的數值	0	1	2	3	4	5	合計
機率	$\dfrac{6}{36}$	$\dfrac{10}{36}$	$\dfrac{8}{36}$	$\dfrac{6}{36}$	$\dfrac{4}{36}$	$\dfrac{2}{36}$	1

故期望值為

$$E(X) = 0 \times \frac{6}{36} + 1 \times \frac{10}{36} + 2 \times \frac{8}{36} + 3 \times \frac{6}{36} + 4 \times \frac{4}{36} + 5 \times \frac{2}{36}$$

$$= \frac{0 \times 6 + 1 \times 10 + 2 \times 8 + 3 \times 6 + 4 \times 4 + 5 \times 2}{36}$$

$$= \frac{70}{36} = \frac{35}{18} \fallingdotseq 1.94$$

設擲兩顆骰子時，兩骰子點數和為 Y。
試求 Y 的期望值、變異數和標準差。

3-2
解答

● 點數和 Y 為 2 時

(1、1) 共 1 種情況

● 點數和 Y 為 3 時

(1、2)、(2、1) 共 2 種情況

● 點數和 Y 為 4 時

(1、3)、(3、1)、(2、2) 共 3 種情況

● 點數和 Y 為 5 時

(1、4)、(4、1)、(2、3)、(3、2) 共 4 種情況

● 點數和 Y 為 6 時

(1、5)、(5、1)、(2、4)、(4、2)、(3、3) 共 5 種情況

● 點數和 Y 為 7 時

(1、6)、(6、1)、(2、5)、(5、2)、(3、4)、(4、3)

共 6 種情況

● 點數和 Y 為 8 時

(2、6)、(6、2)、(3、5)、(5、3)、(4、4) 共 5 種情況

● 點數和 Y 為 9 時

(3、6)、(6、3)、(4、5)、(5、4) 共 4 種情況

● 點數和 Y 為 10 時

(4、6)、(6、4)、(5、5) 共 3 種情況

●**點數和 Y 為 11 時**

$(6、5)、(5、6)$**共 2 種情況**

●**點數和 Y 為 12 時**

$(6、6)$**共 1 種情況**

因此，兩骰子點數和 Y 的機率分配如下所示。

點數和 Y 的值	2	3	4	5	6	7
機率	$\frac{1}{36}$	$\frac{2}{36}$	$\frac{3}{36}$	$\frac{4}{36}$	$\frac{5}{36}$	$\frac{6}{36}$

點數和 Y 的值	8	9	10	11	12	合計
機率	$\frac{5}{36}$	$\frac{4}{36}$	$\frac{3}{36}$	$\frac{2}{36}$	$\frac{1}{36}$	1

故兩骰子點數和 Y 的期望值 E(Y) 為

$$E(Y) = 2 \times \frac{1}{36} + 3 \times \frac{2}{36} + 4 \times \frac{3}{36} + 5 \times \frac{4}{36}$$

$$+ 6 \times \frac{5}{36} + 7 \times \frac{6}{36} + 8 \times \frac{5}{36} + 9 \times \frac{4}{36} + 10 \times \frac{3}{36} + 11 \times \frac{2}{36} + 12 \times \frac{1}{36}$$

$$= \frac{2\times1+3\times2+4\times3+5\times4+6\times5+7\times6+8\times5+9\times4+10\times3+11\times2+12\times1}{36}$$

$$= \frac{252}{36} = 7$$

兩骰子點數和 Y 的變異數 V(Y) 為

$$V(Y) = \frac{(2-7)^2 \times 1}{36} + \frac{(3-7)^2 \times 2}{36} + \frac{(4-7)^2 \times 3}{36} + \frac{(5-7)^2 \times 4}{36} +$$

$$\frac{(6-7)^2 \times 5}{36} + \frac{(7-7)^2 \times 6}{36} + \frac{(8-7)^2 \times 5}{36} + \frac{(9-7)^2 \times 4}{36} +$$

$$\frac{(10-7)^2 \times 3}{36} + \frac{(11-7)^2 \times 2}{36} + \frac{(12-7)^2 \times 1}{36} = \frac{210}{36} \doteqdot 5.83$$

兩骰子點數和 Y 的標準差 $\sigma(Y) = \sqrt{V(Y)} = \sqrt{\frac{210}{36}} \doteqdot 2.42$

3 應用班佛定律找出偽造數據

　　專欄 2 的最後，提到現價總額的首位數字會服從**班佛定律**，也就是在專欄 1 中說的規則 X。在這個規則下，首位數字的分配如下圖所示。

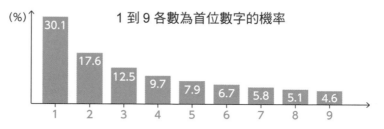

1 到 9 各數為首位數字的機率

(%)

1	2	3	4	5	6	7	8	9
30.1	17.6	12.5	9.7	7.9	6.7	5.8	5.1	4.6

　　將上述機率對應到**專欄 2** 提到的 1154 種虛擬貨幣，可計算出以下理論值。

首位數字	1	2	3	4	5	6	7	8	9	合計
次數	347	203	144	112	91	77	67	59	53	1153※
%	**30.1**	**17.6**	**12.5**	**9.7**	**7.9**	**6.7**	**5.8**	**5.1**	**4.6**	100

※ 若這 1154 種虛擬貨幣的現價總額服從班佛定律，則各個首位數字的所占比例應會接近表中以粗體字表示的「%」。另外，計算時需將各個首位數字的次數四捨五入至個位數，因為是概數，所以將這些次數加總後會得到 1153，而非 1154。

　　比較上述理論值與專欄 2 的實際值，會發現兩者相當接近。這種結果乍看之下很違反直覺，但事實上，這樣的規則不僅適用於虛擬貨幣的現價總額，也可用於股價、河川長度、碎形（不管截取多小的部分，都會與整體相似的圖形）等服從冪次分配的數據，應用範圍相當廣。

　　帳目的數字看似和班佛定律沒什麼關係，但實際上，確實曾經有人用班佛定律發現某些公司美化會計數據。這表示，只要善用班佛定律，或許就能夠看出統計數據是否為偽造的。要不要試著用班佛定律調查看看各種周遭的數字是否有偽造的嫌疑呢？

第4章

分配

本章一開始，會說明「排列」與「組合」。
接著會介紹「二項分配」、二項分配的極
限形式「常態分配」。**二項分配與常態分
配是統計學領域中最常出現的分配型態。**

4
1 考慮順序時的「可能情況數」

本章的主題是「**二項分配**」與「**常態分配**」。這兩種機率分配都是統計學中時常出現的分配型態。

二項分配是常見於生活周圍且重要的一種分配。這裡要說明的是二項分配中常用到的概念：「從 n 項物品中選出 r 項物品，不考慮順序時，共有幾種組合？」在回答這個問題之前，請先想想看「從 5 人中選出 3 人，考慮順序時，共有幾種可能結果？」這類答案為「～種」的問題，就是在問「**可能情況數**」。

假設這 5 個人分別是 a、b、c、d、e。思考這類題目的重點在於**理解「考慮順序時」和「不考慮順序時」的差異**。先來看看「考慮順序時」的情況。若從 5 人中選出第 1 人，共有 5 種可能情況。接著在這 5 種情況下，分別從剩下的 4 人中選出第 2 人，共有 5 × 4 = 20 種可能情況。再來，於這 20 種情況下，分別從剩下的 3 人中選出第 3 人，共有 5 × 4 × 3 = 60 種可能情況。這就是題目所求的「在考慮順序時，從 5 人中選出 3 人的可能情況數」。

「從相異 n 項物品中選出 r 項物品，排成一列」稱做「n 取 r 的**排列**」，其可能情況數可寫做「$_nP_r$」，讀做「n P r」。P 為 permutation 的首字母，意為「排列」。由以上說明，可以知道 $_nP_r$ 的公式如下。

$$_nP_r = n \times (n-1) \times \cdots \times (n-r+1) = \frac{n!}{(n-r)!}$$

　　這裡的 n! 稱做「n 階乘」，是將 1 到 n 的所有整數全部乘起來得到的數。將 n = 5、r = 3 代入上述公式，便可以得到答案。

　　下一節中，我們要介紹的是「不考慮順序時」的情況。

考慮順序的「排列」

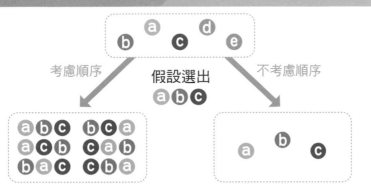

考慮順序時，會有幾種可能結果？

從相異 n 項物品中選出 r 項，排成一列。
其可能情況數可寫做「$_nP_r$」。

— 排列公式 —

$$_nP_r = n \times (n-1) \times \cdots \times (n-r+1) = \frac{n!}{(n-r)!}$$

$$n! = 1 \times 2 \times \cdots \times n \,(n\,階乘)$$

將 n = 5、r = 3 代入公式（從 5 人中選出 3 人），便可得到答案。

$$_5P_3 = 5 \times (5-1) \times \cdots \times (5-3+1)$$
$$= 5 \times 4 \times 3 = 60$$

ⓑ 第 1 個　　　　ⓒ 第 2 個　　　　ⓐ 第 3 個

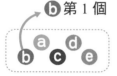  

4
2
不考慮順序時的「可能情況數」

本節要介紹的是「**不考慮順序時**」的情況。首先假設「不考慮順序時」，從 5 人中選出 3 人的可能情況數有「**w 種**」。也就是設答案為 w。

如次頁解說所示，從 5 人中選出 3 人後，如果要排序這 3 人，會得到 3! = 3 × 2 × 1 = 6 種可能。也就是說，不考慮順序時，從 5 人中選出 3 人有 w 種情況，每一種情況再衍生出 3! 種排列方式，將這些排列方式加總後，會等於「考慮順序時，從 5 人中選出 3 人的可能情況數」，也就是 $_5P_3$，故可以得到以下式子。

$$w \times 3! = {_5P_3}$$

因此，所求之 w 為

$$w = \frac{_5P_3}{3!} = \frac{60}{3 \times 2 \times 1} = 10 \text{（種）}$$

從相異 n 項物品中選出 r 項物品，不考慮順序時，可能情況數可以寫做「$_nC_r$」，讀做「n C r」。C 為組合的英文 combination 的首字母。由以上計算，可以得到

$$_nC_r = \frac{_nP_r}{r!}$$

再將前一節中提到的

$$_nP_r = \frac{n!}{(n-r)!}$$

代入上式，可以得到

$$_nC_r = \frac{\dfrac{n!}{(n-r)!}}{r!} = \frac{n!}{r! \times (n-r)!}$$

因此答案為

$$_5C_3 = \frac{5!}{3! \times (5-3)!} = 10 \text{（種）}$$

不考慮順序的「組合」

從 5 人中選出 3 人，不考慮順序時，共有幾種可能結果？

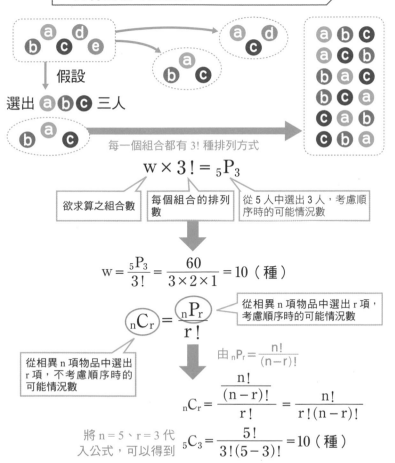

假設

選出 ⓐⓑⓒ 三人

每一個組合都有 3！種排列方式

$$w \times 3! = {_5P_3}$$

欲求算之組合數　每個組合的排列數　從 5 人中選出 3 人，考慮順序時的可能情況數

$$w = \frac{_5P_3}{3!} = \frac{60}{3 \times 2 \times 1} = 10 \text{（種）}$$

$$_nC_r = \frac{_nP_r}{r!}$$

從相異 n 項物品中選出 r 項，不考慮順序時的可能情況數

從相異 n 項物品中選出 r 項，考慮順序時的可能情況數

由 $_nP_r = \dfrac{n!}{(n-r)!}$

$$_nC_r = \frac{\dfrac{n!}{(n-r)!}}{r!} = \frac{n!}{r!(n-r)!}$$

將 n = 5、r = 3 代入公式，可以得到

$$_5C_3 = \frac{5!}{3!(5-3)!} = 10 \text{（種）}$$

4
3　由二項分配算出擲骰子結果的機率

前一節提到，從 n 項物品中選出 r 項，不考慮順序時，可能情況數可寫做 $_nC_r$，計算公式如下。

$$_nC_r = \frac{_nP_r}{r!} = \frac{n!}{r! \times (n-r)!}$$

說明二項分配時，這條公式是必備知識。從本節開始，將說明什麼是二項分配。不過在這之前，請先思考以下問題。

擲一顆骰子五次，五次中有一次為 1 點的機率是多少？

假設擲出 1 點的事件為○、擲出 1 點以外之點數的事件為×，那麼

$$P(○) = \frac{1}{6}、\quad P(×) = \frac{5}{6}$$

擲五次骰子，五次中有一次為 1 點的情況有以下 5 種。
○ ×××× 、× ○ ××× 、×× ○ ×× 、××× ○ × 、
×××× ○

這相當於從五次擲骰結果中，選出一次結果為○一樣，故亦可由以下算式計算出有 5 種可能情況。

$$_5C_1 = \frac{5!}{1! \times 4!} = 5$$

而每種可能情況的發生機率皆相同，如下所示。

$$P(○××××) = \cdots = P(××××○) = \left(\frac{1}{6}\right)^1 \left(\frac{5}{6}\right)^4$$

因此，題目所求機率為這些可能情況的機率總和，即

$$_5C_1\left(\frac{1}{6}\right)^1\left(\frac{5}{6}\right)^4 = 5 \times \left(\frac{5^4}{6^5}\right) \fallingdotseq 0.4019$$

下一節將正式開始說明什麼是二項分配。

擲骰子的機率

問題 擲一顆骰子五次，五次中有一次為 1 點的機率為何？

例如

一次	兩次	三次	四次	五次
×	○	×	×	×

○為擲出 1 點的事件、
× 為擲出 1 點以外點數的事件

其中，$P(○)=\frac{1}{6}$、$P(×)=\frac{5}{6}$

又，擲五次骰子時，五次中有一次為 1 點的可能情況為

$$_5C_1 = \frac{5!}{1!(5-1)!} = \frac{5!}{1! \times 4!} = \frac{5 \times 4 \times 3 \times 2 \times 1}{1 \times 4 \times 3 \times 2 \times 1} = 5 種$$

5 種情況如下

這 5 種情況的機率皆相同，如下所示

$$P(○××××) = P(×○×××) = \cdots = P(××××○)$$
$$= \left(\frac{1}{6}\right)^1 \times \left(\frac{5}{6}\right)^4$$

題目所求機率為這些可能情況的機率總和，即

$$_5C_1 \times \left(\frac{1}{6}\right)^1 \times \left(\frac{5}{6}\right)^4 = 5 \times \frac{1}{6} \times \frac{5^4}{6^4} = 5 \times \frac{5^4}{6^5} \fallingdotseq 0.4019$$

4 由二項分配算出擲骰子結果的分配

本節將繼續以擲骰子為例，說明二項分配。首先，設擲骰子五次時，擲出 1 點的次數為 X，試求隨機變數 X 的機率分配。因為**擲出 1 點的機率為 $\frac{1}{6}$，非 1 點的機率為 $\frac{5}{6}$**，由前一節的說明，可以計算出 X 等於各個數值的機率如下。

$$P(X=0) = {}_5C_0\left(\frac{1}{6}\right)^0\left(\frac{5}{6}\right)^5 \doteqdot 0.4019$$

$$P(X=1) = {}_5C_1\left(\frac{1}{6}\right)^1\left(\frac{5}{6}\right)^4 \doteqdot 0.4019$$

$$P(X=2) = {}_5C_2\left(\frac{1}{6}\right)^2\left(\frac{5}{6}\right)^3 \doteqdot 0.1608$$

$$P(X=3) = {}_5C_3\left(\frac{1}{6}\right)^3\left(\frac{5}{6}\right)^2 \doteqdot 0.0322$$

$$P(X=4) = {}_5C_4\left(\frac{1}{6}\right)^4\left(\frac{5}{6}\right)^1 \doteqdot 0.0032$$

$$P(X=5) = {}_5C_5\left(\frac{1}{6}\right)^5\left(\frac{5}{6}\right)^0 \doteqdot 0.0001$$

因此，隨機變數 X 的機率分配可以整理成次頁上方的圖表。

接著考慮一般情況。假設某個獨立試驗中，發生事件 A 的機率為 p，不發生事件 A 的機率為 q（= 1 - p）。反覆進行這項試驗，並設事件 A 發生的次數為隨機變數 X，則 X = k 的機率可以寫成

$$P(X=k) = {}_nC_k p^k q^{n-k} \quad (k=0、1、\cdots、n)$$

而 X 的機率分配可寫成次頁下方的表。這種機率分配稱做「**二項分配**」，寫做 B(n, p)。B 源自二項分配的英文 binomial distribution 的首字母。在擲骰子的例子中，A 為擲出 1 點的事件，

$n = 5$、$p = \dfrac{1}{6}$，故 X 的機率分配為 $B(5, \dfrac{1}{6})$。

　　下一節中，將進一步說明二項分配的性質。

什麼是二項分配？

例　設隨機變數 X 為擲骰子五次時，擲出 1 點的次數

X 的數值	0	1	2	3	4	5
機率	0.4019	0.4019	0.1608	0.0322	0.0032	0.0001

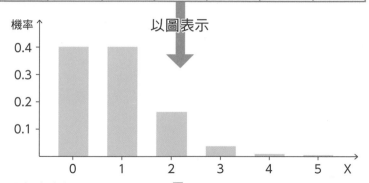

以圖表示

在獨立試驗中，設 $P(A) = p$、$P(\overline{A}) = q = 1 - p$
反覆試驗 n 次，設事件 A 發生的次數為 X，則

$$P(X = k) = {}_nC_k\, p^k q^{n-k} \quad (k = 0 \text{、} 1 \text{、} \cdots \text{、} n)$$

X 的數值	0	1	2	⋯	n
機率	${}_nC_0\, p^0 q^n$	${}_nC_1\, p^1 q^{n-1}$	${}_nC_2\, p^2 q^{n-2}$	⋯	${}_nC_n\, p^n q^0$

這叫做「二項分配」，以 B(n, p) 表示

擲骰次數增加，二項分配的形狀也會跟著改變

前一節提到了二項分配。以擲骰子為例，設擲骰子五次時，擲出 1 點的次數為 X。若將擲骰子五次改為 n 次，那麼當 n 愈大，隨機變數 X 的機率分配，也就是 $B(n, \frac{1}{6})$ 會如何變化呢？

n = 6, 12, 30, 50 時，各個 X 的機率如次頁圖表所示。由圖可看出，**隨著擲骰次數 n 的增加，二項分配 $B(n, \frac{1}{6})$ 的形狀會逐漸變成左右對稱的鐘形。**

也就是說，**當次數 n 非常大，則適當調整座標軸尺度，會發現圖形愈來愈趨近於下一節要介紹的常態分配。**之後用二項分配近似常態分配（視兩者為相同分配）時，這會是個很重要的性質。

另外，二項分配 B(n, p) 的期望值 E(X) 與變異數 V(X) 分別如下，本書就不再詳細證明。

期望值 E(X) = np、變異數 V(X) = npq

其中，q = 1 - p。之後我們會很常用到這些式子。

二項分配很常應用在現實生活中，例如瑕疵品的機率分配。下一節中，會介紹什麼是常態分配。

二項分配的圖形特徵

 設隨機變數 X 為擲一顆骰子 n 次時，擲出 1 點的次數

n 改變時，X 會怎麼變？

n = 6, 12, 30, 50 時，X 如下所示

n = 6		n = 12		n = 30		n = 50	
X	機率	X	機率	X	機率	X	機率
0	0.335	0	0.112	0	0.004	0	0.000
1	0.402	1	0.269	1	0.025	1	0.001
2	0.201	2	0.296	2	0.073	2	0.005
3	0.054	3	0.197	3	0.137	3	0.017
4	0.008	4	0.089	4	0.185	4	0.040
5	0.001	5	0.028	5	0.192	5	0.075
6	0.000	6	0.007	6	0.160	6	0.112
		7	0.001	7	0.110	7	0.140
		8	0.000	8	0.063	8	0.151
		⋮	⋮	9	0.031	9	0.141
		12	0.000	10	0.013	10	0.116
				11	0.005	11	0.084
				12	0.001	12	0.055
				13	0.000	13	0.032
				⋮	⋮	14	0.017
				30	0.000	15	0.008
						16	0.004
						17	0.001
						18	0.001
						19	0.000
						⋮	⋮
						50	0.000

機率

0.4　　n = 6

0.3　　n = 12

0.2　　n = 30

　　　　　　n = 50

0.1

0　1　2　3　4　5　6　7　8　9　10　11　12　13　14　15　16　17　18　19　20　X

身高、雨量、產品誤差……我們可以在許多數據上看到常態分配

統計所有日本成年男子的身高時，數據量非常大。若將組距縮得很小，就可以得到幾乎**左右對稱的鐘形曲線**，如右圖所示。這種形狀可以用以下曲線方程式描述。

$$y = \frac{1}{\sqrt{2\pi\sigma^2}} e^{-\frac{(x-m)^2}{2\sigma^2}} \quad (-\infty < x < \infty)$$

這裡的 π（pi）為**圓周率**，e 為**自然對數函數的底數**，兩者數值分別為 $\pi = 3.14159\cdots$、e = 2.71828$\cdots$。另外，m 為實數，σ（sigma）為正實數。

這種函數所表示的分配，稱做「期望值 m、標準差 σ 的**常態分配**」。m 為 mean（平均值）的首字母。

若用隨機變數的相關術語描述上式，可稱「隨機變數 X（例如全日本成年男子的身高）服從期望值為 m、標準差為 σ 的常態分配」，以 N(m, σ^2) 表示。這裡的 N 是常態分配的英文 normal distribution 的首字母。σ^2 為標準差的平方，即變異數。

常態分配可見於身高、年雨量、標準化成績等數據。

另外，產品誤差、測量誤差等各種誤差的分配也會近似常態分配（又稱做「**誤差分配**」），故**常態分配的應用範圍相當廣**。

下一節中，將說明常態分配的各種性質。

什麼是常態分配？

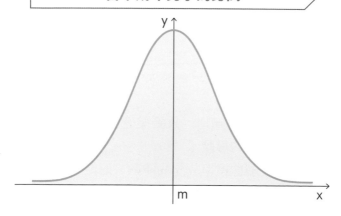

日本成年男子的身高

增加數值量、縮小組距後，可以得到上圖。

$$y = \frac{1}{\sqrt{2\pi\sigma^2}} e^{-\frac{(x-m)^2}{2\sigma^2}}$$ 這個圖形可以用左側方程式描述。

$\pi = 3.14159\cdots$ 圓周率　　　　　　　m 為期望值，是實數

$e = 2.71828\cdots$ 自然對數函數的底數　σ 為標準差，是正數

這個分配稱做期望值 m、標準差 σ 的常態分配 N(m, σ^2)

常態分配的性質

　　期望值為 m、標準差為 σ 的常態分配 N(m, σ^2) 可以用以下方程式描述。

$$y = \frac{1}{\sqrt{2\pi\sigma^2}} e^{-\frac{(x-m)^2}{2\sigma^2}} \quad (-\infty < x < \infty)$$

　　由這個方程式可以知道，**只要給定期望值與標準差，就可以唯一確定常態分配的形狀。**

　　這種能表示連續性機率分配的函數，稱做「**機率密度函數**」（見次頁），簡稱為「**密度函數**」。另外，機率密度函數與 x 軸圍起來的面積（也就是所有事件發生的機率加總）為 1。

　　常態分配 N(m, σ^2) 的機率密度函數是一個**以期望值 m 為中心的左右對稱形狀**，且期望值 m 的地方最高，往期望值右方（正向）移動標準差 σ 後的位置（m＋σ），以及往期望值左方（負向）移動標準差 σ 後的位置（m－σ）為「**反曲點**」。反曲點是**曲線的凹向改變的地方。**

　　當期望值 m 不變，改變標準差 σ，則機率密度函數的形狀會出現變化，如右圖所示。但無論怎麼變，函數與 x 軸圍起來的面積都是 1。若將 σ 調得非常大，使左右攤得很開，那麼在期望值 m 的地方，函數的高度就會變得比較低。

　　另一方面，保持 σ 不變，改變 m 時，機率密度函數則會保持原本的形狀左右移動。即使期望值不同，數據分散程度也不會改變。

下一節中，會討論更多與常態分配有關的性質。

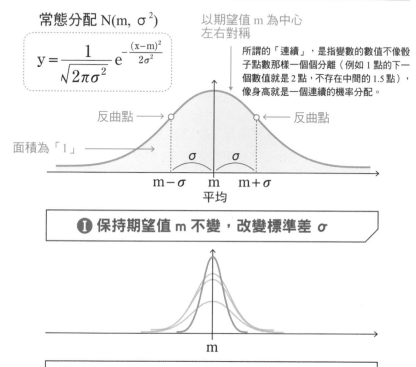

常態分配的圖形特徵

常態分配 $N(m, \sigma^2)$

$$y = \frac{1}{\sqrt{2\pi\sigma^2}} e^{-\frac{(x-m)^2}{2\sigma^2}}$$

以期望值 m 為中心
左右對稱

所謂的「連續」，是指變數的數值不像骰子點數那樣一個個分離（例如 1 點的下一個數值就是 2 點，不存在中間的 1.5 點），像身高就是一個連續的機率分配。

反曲點 ⟶ ○　　○ ⟵ 反曲點

面積為「1」 ⟶

σ　σ

$m-\sigma$　m　$m+\sigma$
平均

❶ 保持期望值 m 不變，改變標準差 σ

m

❷ 保持標準差 σ 不變，改變期望值 m

m　m　　m

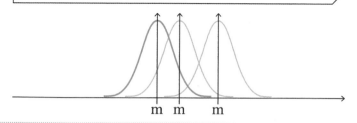

保持期望值 m 不變，改變標準差 σ 時，函數的高度與廣度會跟著變化。保持標準差 σ 不變，改變期望值 m 時，函數會保持相同形狀左右移動。

常態分配中，幾乎所有事件都會在「3σ 範圍」內

前一節簡單介紹了幾個常態分配的性質。本節將介紹更多、更詳細的常態分配性質，為後面的章節做準備。

期望值為 m、標準差為 σ 的常態分配 $N(m, \sigma^2)$，其機率密度函數與 x 軸圍起來的面積為 1。而 $m + \sigma$ 與 $m - \sigma$ 這兩點為曲線凹向改變的位置，也就是反曲點。另外，如次圖所示，

m 與 m + σ 之間的面積為 34.13% = 0.3413

m + σ 與 m + 2σ 之間的面積為 13.59% = 0.1359

m + 2σ 與 m + 3σ 之間的面積為 2.145% = 0.02145

m + 3σ 以上的面積為 0.135% = 0.00135

另外，機率密度函數沿 y 軸對稱，故可以得到

m± σ 之間的面積為 68.26% = 0.6826

m ± 2σ 之間的面積為 95.44% = 0.9544

m ± 3σ 之間的面積為 99.73% = 0.9973

除此之外的面積為 0.27% = 0.0027

舉例來說，假設一次考試結果可以用期望值為 50，標準差為 10 的常態分配表示。由以上敘述可以知道，介於 40 分（= 50 - 10）與 60 分（= 50 + 10）之間的人數約占所有人的 68%，區間 [m - 3σ, m + 3σ] 內的人則占所有人的 99.73%，幾乎接近 100%。因為這個區間內的數值幾乎就占了「實質上的全部」，故又特別稱做「3 sigma 範圍」。

下一節中，將討論標準化後的常態分配。

常態分配圖形的詳細說明

期望值 m、標準差 σ 的常態分配 N(m, σ²) 圖形如下所示

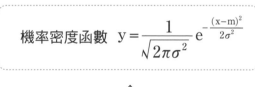

機率密度函數　$y = \dfrac{1}{\sqrt{2\pi\sigma^2}} e^{-\frac{(x-m)^2}{2\sigma^2}}$

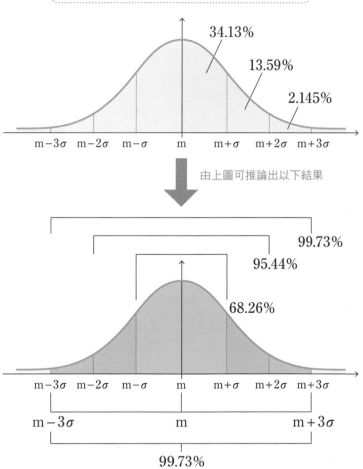

3 σ 範圍　幾乎所有數值都分布在這個區間內

常態分配標準化的「標準常態分配」

前一節說明了期望值為 m、標準差為 σ 的常態分配 N(m, σ^2) 的各種性質。本節中，來看看**期望值 m = 0、標準差 σ = 1 的常態分配 N(0, 1)**。為什麼要特別說明這種分配？

常態分配的形狀由期望值 m 與標準差 σ 決定。反過來說，**能改變常態分配形狀的參數就只有這兩個。**

一個隨機變數 X 服從常態分配 N(m, σ^2) 時，令 T 為

$$T = \frac{X - m}{\sigma}$$

則 T 也會是一個隨機變數（這個操作稱做**標準化**）。這邊先省略一些比較詳細的計算，總之，隨機變數 T 會服從期望值為 0（m = 0）、標準差為 1（σ = 1）的常態分配 N(0, 1)。這種隨機變數的分配也稱做「**標準常態分配**」。**任何一個常態分配都可以轉換成標準常態分配，故只要知道標準常態分配的性質，就可以了解常態分配的性質。**

如次頁左下圖所示，隨機變數在 c 以下 {T ≦ c} 的機率 P(T ≦ c) 會等於藍色部分面積。因為邊界不會影響到面積，故不管有沒有等號不影響機率大小，即 P(T ≦ c) = P(T < c)。隨機變數 T 小於等於 c 的機率可以改寫成 I(c)，即 P(T ≦ c) =I(c)。將各種數值代入 c 後得到的機率 I(c) 有許多用途，常會寫成右圖般的**常態分配表**。

什麼是標準常態分配？

設隨機變數 X 服從期望值 m、標準差 σ 的常態分配 $N(m, σ^2)$，那麼隨機變數 X 的分配可以寫成以下形式。

$$y = \frac{1}{\sqrt{2\pi\sigma^2}}\, e^{-\frac{(x-m)^2}{2\sigma^2}}$$

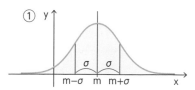

圖形如右上①所示

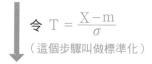

令 $T = \dfrac{X-m}{\sigma}$

（這個步驟叫做標準化）

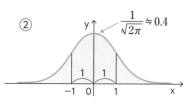

則隨機變數 T 會服從期望值為 0、標準差為 1 的常態分配 N(0, 1)。
隨機變數 T 的分配可以寫成以下形式。

$$y = \frac{1}{\sqrt{2\pi}}\, e^{-\frac{x^2}{2}}$$

圖形如右上②所示，稱做
標準常態分配。

設隨機變數 T 在 c 以下的機率
$P(T \leqq c)$ 為 I(c)，即

$$I(c) = P(T \leqq c)$$

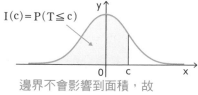

邊界不會影響到面積，故
$P(T \leqq c) = P(T < c)$

常態分配表（部分）

c	I(c)	c	I(c)
0.00	0.5000	0.50	0.6915
0.01	0.5040	0.51	0.6950
0.02	0.5080	0.52	0.6985
0.03	0.5120	0.53	0.7019
0.04	0.5160	0.54	0.7054
0.05	0.5199	0.55	0.7088
0.06	0.5239	0.56	0.7123
0.07	0.5279	0.57	0.7157
0.08	0.5319	0.58	0.7190
0.09	0.5359	0.59	0.7224
0.10	0.5398	0.60	0.7257
0.11	0.5438	0.61	0.7291
0.12	0.5478	0.62	0.7324
0.13	0.5517	0.63	0.7357
0.14	0.5557	0.64	0.7389
0.15	0.5596	0.65	0.7422
0.16	0.5636	0.66	0.7454
0.17	0.5675	0.67	0.7486
0.18	0.5714	0.68	0.7517
0.19	0.5753	0.69	0.7549

4

10

從圖看出標準常態分配的性質

前一節介紹了期望值為 0、標準差為 1 的標準常態分配 N(0, 1)。本節將會說明，**隨機變數 T 服從標準常態分配時，隨機變數 T 小於等於 c 的機率 P(T ≤ c) = I(c) 有哪些性質**。

首先要注意到的是，標準常態分配的機率密度函數與 x 軸之間所圍的總面積為 1，且這個圖形沿著 y 軸左右對稱。故由次圖可以得到以下等式。

(1) $I(0) = P(T \leq 0) = 0.5$

(2) $I(-c) = P(T \leq -c) = P(T \geq c)$

(3) $P(T \geq c) = 1 - P(T \leq c) = 1 - I(c)$

(4) $I(c) + I(-c) = 1$

最後的(4)可以由(2)與(3)推出。另外，如同前一節提到的，**邊界不會影響到面積，故以上四式的不等號中，無論是否含有等號，這四式皆成立**。因此，以下等式成立。

$$P(T \leq c) = P(T < c) \text{、} P(T \geq -c) = P(T > -c)$$

c 等於 1.96 時，由標準常態分配表可以算出以下結果。

$P(T \leq -1.96) = I(-1.96) = 0.025$

$P(T \geq 1.96) = I(-1.96) = 0.025$

$P(-1.96 < T < 1.96) = I(1.96) - I(-1.96) = 0.95$

函數下方的面積為 0.025 + 0.025 + 0.95 = 1。下一節，也就是本章的最後一節，將說明如何用標準常態分配來計算一般常態分配的機率。

標準常態分配的性質

期望值為 0、標準差為 1 的標準常態分配 N(0, 1) 圖形

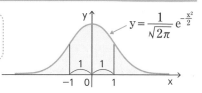

$$y = \frac{1}{\sqrt{2\pi}} e^{-\frac{x^2}{2}}$$

隨機變數 T 服從標準常態分配時，P(T ≤ c)= I(c) 會有什麼性質呢？

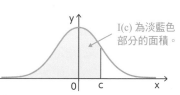

I(c) 為淡藍色部分的面積。

(1)

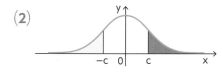

總面積為 1，圖形沿著 y 軸左右對稱，故

$$I(0) = P(T \leq 0) = 0.5$$

(2)

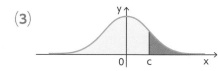

淡藍色部分的面積與深藍色部分相同，故

$$I(-c) = P(T \leq -c) = P(T \geq c)$$

(3)

總面積為 1，淡藍色部分的面積為 I(c)，故

$$P(T \geq c) = 1 - P(T \leq c) = 1 - I(c)$$

c = 1.96 時

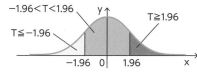

−1.96<T<1.96

T≤−1.96

T≥1.96

由左頁計算，可以知道總面積為 0.025+0.025+0.95=1

※ 邊界不會影響到面積，故不管不等號中是否包含等號，以上等式皆成立。

4
11 用標準常態分配來計算機率

前一節介紹了標準常態分配 N(0, 1) 的性質。本節將介紹**如何應用標準常態分配的性質，計算一般常態分配的機率。**

假設 A 教授的身高為 175 cm。一天，來自 B 國的研究者拜訪 A 教授。B 國成人的平均身高為 182 cm、標準差為 8.3 cm。那麼，這位 B 國研究者的身高比 A 教授高的機率是多少？其中，假設 B 國成人身高服從常態分配。

首先，假設 B 國成人的身高為 X。由以下公式，可以將 X 標準化成標準常態分配。

$$T = \frac{X-m}{\sigma} = \frac{X-182}{8.3}$$

轉換成 T 後，會服從標準常態分配。

接著要注意的是，{X > 175} 這個事件在轉換成 T 後會變成

$$T > \frac{175-182}{8.3} = -0.843 \doteqdot -0.84$$

來自 B 國研究者的身高比 A 教授高的機率為 P(X > 175)，經轉換後可以得到

$$P(X > 175)$$
$$\doteqdot P(T > -0.84)$$
$$= 1 - P(T \leq -0.84) \text{（使用 4-10 的 (3)）}$$
$$= 1 - I(-0.84)$$
$$\doteqdot 1 - 0.2005$$
$$\doteqdot 0.80$$

故所求機率為 0.80（80%）。

下一章將介紹的主題是——**估計**。

標準常態分配的應用

設隨機變數 X 為 B 國成人的身高（期望值 m = 182、標準差 σ = 8.3），X 服從常態分配 N(182, 8.3²)。

$$將 X 標準化為 T，即 \quad T = \frac{X-182}{8.3} \left(= \frac{X-m}{\sigma} \right)$$

T 服從標準常態分配 N(0, 1)。
來自 B 國研究者的身高比 A 教授（175 cm）高的事件 {X > 175} 可以寫成以下形式

$$(X > 175) \longleftrightarrow \left\{ T > \frac{175-182}{8.3} \right\} \fallingdotseq \{ T > -0.84 \}$$

故來自 B 國研究者的身高比 A 教授（175 cm）高的機率為

$$
\begin{aligned}
P(X > 175) &\fallingdotseq P(T > -0.84) \\
&= 1 - P(T \leq -0.84) \\
&= 1 - I(-0.84) \\
&\fallingdotseq 1 - 0.2005 \\
&\fallingdotseq 0.80
\end{aligned}
$$

由常態分配表可以得到
I(−0.84) ≒ 0.2005

A 教授 175 cm

182

182−8.3=173.7　　182+8.3=190.3

B 國研究者的身高大於 175 cm 的機率約為 80%

c	I(c)
−0.90	0.1841
−0.89	0.1867
−0.88	0.1894
−0.87	0.1922
−0.86	0.1949
−0.85	0.1977
−0.84	0.2005
−0.83	0.2033
−0.82	0.2061
−0.81	0.2090

問題
4-1

擲一顆骰子三次，設出現 2 以下點數的次數為 X。試求隨機變數 X 的分配。

4-1
解答

擲一次骰子時，出現 2 以下點數的可能情況有「1」和「2」兩種。也就是說，點數在 2 以下的機率為 $\frac{2}{6} = \frac{1}{3}$。X 服從二項分配 $B(3, \frac{1}{3})$，詳細說明如下。

$$P(X = 0) = {}_3C_0 \left(\frac{1}{3}\right)^0 \left(\frac{2}{3}\right)^3 \fallingdotseq 0.296$$

※ 完全沒出現過 2 以下點數的機率

$$P(X = 1) = {}_3C_1 \left(\frac{1}{3}\right)^1 \left(\frac{2}{3}\right)^2 \fallingdotseq 0.444$$

※ 2 以下點數出現一次的機率

$$P(X = 2) = {}_3C_2 \left(\frac{1}{3}\right)^2 \left(\frac{2}{3}\right)^1 \fallingdotseq 0.222$$

※ 2 以下點數出現兩次的機率

$$P(X = 3) = {}_3C_3 \left(\frac{1}{3}\right)^3 \left(\frac{2}{3}\right)^0 \fallingdotseq 0.037$$

※ 2 以下點數出現三次的機率

問題 4-2	在 4-11（第 112 頁）的問題中，設 A 教授的身高為 175 cm。如果 A 教授的身高是 187 cm，那麼來自 B 國 研究者的身高比 A 教授高的機率會變成多少？其他條 件與 4-11 相同，假設 B 國成人的平均身高為 182 cm， 標準差為 8.3 cm。 設常態分配表中的 I(0.6) = 0.7257。

4-2 解答

同樣的，務必注意要將 {X > 187} 這個事件中的隨機變數轉換
成 T，如下所示。

$$T > \frac{187-182}{8.3} \fallingdotseq 0.60$$

P(X >187)，將其轉換成 T，

$$P(X > 187) = P(T > 0.60) = 1 - P(T \leq 0.60)$$

與第 112 頁的過程類似，此處同樣使用公式 1 - P(T ≤ c) = 1 -
I(c)，可以得到

$$1 - P(T \leq 0.60) = 1 - I(0.60) = 1 - 0.7257 \fallingdotseq 0.27$$

故所求機率約為 0.27（27%）。若 A 教授的身高變成 187 cm，
答案會從 80% 降到 27%，數值比之前小了許多。

4 「末位數字」的分配也會偏向一邊嗎？

專欄 1 ～ 3 提到 1154 種虛擬貨幣之現價總額的首位數字會服從班佛定律。或許有人會想問：末位數字的分配是否也會偏向一邊？

包含「0」在內，末位數字的可能情況計有 0、1、2、3、4、5、6、7、8、9 共十種。因此，如果「每個數字出現的機會都相同」，各數字出現的機率應該是 $\frac{1}{10}$ = 0.1，也就是 10% 才對。而 1154 種虛擬貨幣之現價總額的末位數字統計如下表。

末位數字	1	2	3	4	5	6	7	8	9	0	合計
次數	119	105	110	124	105	115	110	125	114	127	1154
%	10.3	9.1	9.5	10.7	9.1	10.0	9.5	10.8	9.9	11.0	99.9※

※ 這裡的百分比數字，是將各個末位數字的出現次數除以 1154，再四捨五入至小數點第一位。因為四捨五入時會產生誤差，故百分比加總後不是 100，而是 99.9。

由上表可以看出，與首位數字不同，末位數字**傾向均勻分配**。事實上，當首位數字的分配遵守「班佛定律」，數字位數愈多，末位數字就會愈傾向均勻分配。

第5章

估計

本章要說明的是由**部分數據推論整體數據**的「估計」。估計可以分成「點估計」和「區間估計」，其中又以「區間估計」特別重要。本章將以收視率與大谷翔平（美國職棒洛杉磯天使隊球員）的打擊率為例，說明「估計」的計算過程。

從部分數據估計整體數據

　　本章要說明的是「**估計**」方法。在這之前，先來看看以下這個簡單的例子。

　　若想知道日本所有滿 20 歲成年男子的平均身高，不可能花費大量時間和人力去實際調查每個日本成年男子的身高。更何況，在量所有人身高的期間內，調查對象也可能發生變化。例如某些已量完身高的人在這段期間內死亡，或者某些原本未成年的男子在這段期間內長為成人。

　　因此實務上，會從所有日本成年男子中選出一部分，只調查這些人的身高，再用這些數據去估計所有日本成年男子的身高。這就是本章要介紹的方法，**如何從部分數據估計整體數據**。

　　像是「所有日本成年男子」這種由所有調查對象構成的集合，稱做「**母體**」。為了分析母體資訊，從母體中選擇出來的部分對象，則稱做「**樣本**」。

　　如前所述，有時候我們無法知道母體內所有對象的資訊，例如以下情形

　　（1）母體內有非常多調查對象的時候。例如所有日本成年男子。

　　（2）雖然母體內的調查對象沒有很多，但不可能調查所有對象的時候。例如罐頭品質。

　　（3）發生在未來，不可能現在調查的數據。例如明年的失業率。

　　下一節中，將用幾個例子來說明估計方法。

母體和樣本分別是什麼？

所有日本成年男子

要調查母體內所有對象需耗費龐大的時間，而且調查過程中，會有年輕人成年，也會有年老者死亡，故很難調查到正確數字。

罐頭品質

雖然可以調查所有對象，但如果打開所有罐頭來調查內部情況，就不能當做商品賣了，故實務上不可能這麼做。

未來

未來要發生的事不存在於母體內，根本無法調查。

我們沒辦法調查到這些母體內的所有對象。

由估計方法決定適當的樣本數

前一節介紹了什麼是母體、什麼是樣本。本節會以收視率為例，進一步說明這些名詞的意思。

首先，從「什麼是**收視率**？」這個問題開始。

收視率指的是日本一個地區內（例如關東、關西、中京等），所有電視機中有多少百分比的電視機在觀賞某個特定節目。可以用數學式表示如下。

$$收視率 = \frac{觀賞某個特定節目的電視機數目}{所有電視機數目}$$

調查收視率會碰上一個問題，與調查所有日本成年男子的平均身高一樣，不可能調查母體內所有電視機在看什麼節目，因為這麼做會花費龐大的時間和金錢。因此，會**調查部分數據，再依照調查結果估計整體數據**。

一般會將這種抽出樣本調查的步驟稱做「**抽樣調查**」。再來的問題是，該如何抽出樣本？該抽出多少樣本？

如果只有 4、5 台電視做為樣本，不太可能估計出正確的收視率；如果取 100 萬台電視做為樣本，就得花費大量時間和金錢在抽樣調查上。因此，我們需要討論出一個合理的樣本數，以兼顧調查結果的準確性和調查工作所耗費的資源。本章要介紹的就是在進行「估計」時，如何選擇合理的樣本數，以及其理論依據。

下一節中，將繼續談談如何調查收視率。

什麼是收視率？

收視率的估計

$$收視率 = \frac{觀賞某個特定節目的電視機數目}{所有電視機數目}$$

慌慌　張張

樣本數太少

如果只選出 4、5 台電視機做為樣本，樣本數過少，無法估計出正確的收視率。

樣本數太多

如果選出 100 萬台電視機做為樣本，要花很多時間和金錢才能調查完所有樣本。

恰當的樣本數

選擇適當的樣本數，就可以由樣本推測整體情況。這時，會用到「估計」的概念。

如何調查電視的收視率？

前一節說明了什麼是收視率，本節讓我們進一步了解實務上如何調查收視率。近年來，調查收視率還需考慮使用**時光平移**功能（錄影下來收看）的觀眾，計算上比以前複雜許多。這裡就讓我們把時間撥回到 1995 年，只考慮**即時收看**的觀眾。

某個收視率調查公司宣稱，他們在日本關東地區的 600 台電視上裝有偵測收視頻道的機器。也就是說，**樣本數為** 600。由 1995 年的日本國勢調查顯示，關東地區約有 1455 萬個家庭。為簡化問題，假設每個家庭都只有一台電視，那麼母體數就是 1455 萬台電視。其中，收視率調查公司將「裝有收視頻道偵測器的 600 個家庭」視為重要機密，如果被人知道有哪些家庭的電視裝有偵測器，可能就會有電視台用各種手段要求該家庭「多看他們電視台的節目」。

為了調查的公平性，調查公司會和各個家庭約定，不可以將家裡裝有偵測器這件事告訴其他人。

調查公司在選擇偵測器裝設對象時，會避開報社、出版社、電視台等和媒體有關的家庭，而且每個月還會替換數十個家庭，數年內就會將所有家庭全部換新。

收視率的多寡會直接影響到以億日圓為單位的廣告收益，故調查收視率有其必要性。不過，我們也希望電視台不要為了衝高收視率而做出譁眾取寵的節目。

如何調查收視率？

母體

關東地區的收視率來自 1455 萬個家庭
（1995 年的狀況）

樣本

600 台電視

調查

由收視率調查公司進行

調查結果

供電視台、廣告代理商、廣告業主參考

調查結果
的影響

決定節目的存續或結束

5 4 如何用統計方法估計收視率

前面的章節提到了收視率的抽樣調查。本節會用前一節提到的數值，思考接下來的問題。

從 1455 萬台電視中，選出 600 台做為樣本，調查某個節目 M 的收視情況，發現有 99 台電視正在收看這個節目。那麼，用**統計方法估計出來的收視率會是多少 %？**接下來，我們將一步步回答這個問題。

從 1455 萬台電視中任意選出一台，設這台電視正在收看節目 M 的事件為 A，則節目 M 的收視率 p，就是事件 A 發生的機率。若任意選出 600 台電視做為樣本，且每台電視的事件 A（是否在收看節目 M）互為獨立事件（不會因為 a 家庭正在收看 M 節目，b 家庭就跟著收看 M 節目）、機率皆為 p。在上一節提到，如果公平進行抽樣調查，以上假設就不會出問題。

基於以上假設，設 600 台電視組成的樣本中，收看節目 M 的電視數目為 X，X 是一個隨機變數。事件 $\{X = r\}$ 的機率，會等於 600 次獨立試驗中，事件 A 發生 r 次的機率。即

$$P(X = r) = {}_{600}C_r\, p^r (1-p)^{600-r}$$

這就是在第 4 章中學到的二項分配 B(600, p)。
因此，期望值 m 與標準差 σ 分別如下。

$$\text{期望值 } m = 600p \text{、標準差 } \sigma = \sqrt{600p(1-p)}$$

隨機變數 X 服從二項分配

母體：關東地區約 1455 萬家庭　　　　**樣本**：600 台電視

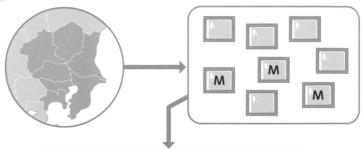

收看節目 M 的機率（收視率）：p
沒有收看節目 M 的機率：1 - p

隨機變數 X 為收看節目 M 的電視數目

收看節目 M 的機率為獨立試驗，故 X 服從二項分配 $B(600, p)$

$$P(X=r) = {}_{600}C_r\, p^r(1-p)^{600-r}$$ 　因此，$r = 0 、1 、2 、\cdots 、600$

$$且 \quad {}_{600}C_r = \frac{600!}{r!(600-r)!} \quad,$$

為 600 台電視中選出 r 台的可能組合數

期望值　$m = 600p$
標準差　$\sigma = \sqrt{600p(1-p)}$

將電視分成收看節目 M 的電視（機率為 p）
和沒有收看節目 M 的電視（機率為 1 - p）

5

估計一個數值點——「點估計」

回顧一下前一節提出的問題。從 1455 萬台電視中，選出 600 台做為樣本，調查某個節目 M 的收視情況。假設有 99 台電視收看這個節目，**試估計整體收視率大約是多少 %？**

設樣本的 600 台電視中，收看節目 M 的電視數目為隨機變數 X，那麼 X 會服從二項分配 $B(600, p)$，所以事件 $\{X = r\}$ 的機率，會等於 600 次獨立試驗中，事件 A 發生 r 次的機率，即

$$P(X = r) = {}_{600}C_r \, p^r (1-p)^{600-r}$$

X 的期望值 m 與標準差 σ 分別如下。

$$m = 600p \, \text{、} \, \sigma = \sqrt{600p(1-p)}$$

這裡的 p 是母體的收視率 p。我們想要估計 p 是多少，所以現在當然不知道 p 的正確數字是多少。但是，因為樣本的 600 台電視中，有 99 台電視在收看節目 M，所以可以推估母體收視率 p 如下。

$$p = \frac{99}{600} = 0.165$$

這裡的「$p = 0.165$」是用樣本收視率估計一個數值點做為母體收視率，故稱做「**點估計**」。由這裡的 p，可以計算出期望值與標準差如下。

$$m = 600p = 99$$
$$\sigma = \sqrt{600p(1-p)} = \sqrt{600 \times 0.165(1-0.165)} \doteqdot 9.09$$

　　但是，這個估計過程中並沒有考慮到樣本數的大小。因此下一節中，將進一步討論「**考慮到樣本數**」的估計。

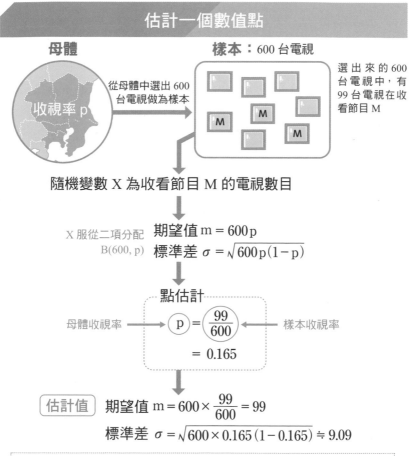

估計一個數值點

母體

收視率 p

從母體中選出 600
台電視做為樣本

樣本：600 台電視

M M M

M

選出來的 600
台電視中，有
99 台電視在收
看節目 M

隨機變數 X 為收看節目 M 的電視數目

X 服從二項分配
B(600, p)

期望值 $m = 600\,p$
標準差 $\sigma = \sqrt{600\,p(1-p)}$

點估計

母體收視率　　　$p = \dfrac{99}{600}$　　　樣本收視率

$= 0.165$

估計值　　期望值 $m = 600 \times \dfrac{99}{600} = 99$

標準差 $\sigma = \sqrt{600 \times 0.165\,(1 - 0.165)} \fallingdotseq 9.09$

估計一個數值點的方法稱做點估計。但是點估計有個缺點，就是不會將樣本大小和數據分散程度納入考量。

5
6
估計一段區間——「區間估計」～ 其一

前一節說明了點估計，但用這種方法估計收視率不會將樣本數與分散程度納入考量。因此，本節要介紹**估計一段區間**的方法。

如同在**第 100 頁**中提到的，二項分配 B(n, p) 的 n 很大時，會趨近於期望值 m = np、標準差 $\sigma = \sqrt{np(1-p)}$ 的常態分配。因此，**二項分配的數據量 n 很大時，可以將其視為常態分配**。只要善用常態分配表，常態分配的計算就會變得簡單許多。

為了簡化計算，可以將 X 轉換成 T，如下所示。

$$T = \frac{X-m}{\sigma}$$

隨機變數 X 為收看節目 M 的電視數目，轉換成 T 後，會服從期望值為 0、標準差為 1 的標準常態分配。

若希望估計準確度為 95%（去除分配兩端的 2.5%），由標準常態分配表可以知道，2.5%（0.025）時的 T 值約為 1.96，這表示

$$P(|T| \leq 1.96) = 0.95$$

又 $T = \frac{X-m}{\sigma}$，故 $|T| \leq 1.96$ 可以轉換成 $|X-m| \leq 1.96\,\sigma$。拿掉絕對值後，可以得到

$$X - 1.96\,\sigma \leq m \leq X + 1.96\,\sigma$$

上式有 95% 的機率會成立。也就是說

$$P(X - 1.96\,\sigma \leq m \leq X + 1.96\,\sigma) = 0.95$$

下一節中，會進一步說明這個式子有什麼意義。

什麼是區間估計（其一）

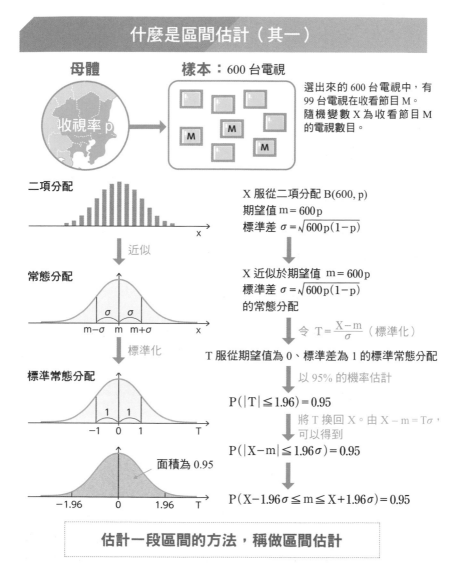

母體　　　　**樣本：**600 台電視

收視率 p

選出來的 600 台電視中，有 99 台電視在收看節目 M。隨機變數 X 為收看節目 M 的電視數目。

二項分配

X 服從二項分配 B(600, p)
期望值 m = 600p
標準差 $\sigma = \sqrt{600\,p(1-p)}$

近似

常態分配

σ　σ
m−σ　m　m+σ　x

X 近似於期望值 m = 600p
標準差 $\sigma = \sqrt{600\,p(1-p)}$
的常態分配

令 $T = \dfrac{X - m}{\sigma}$ （標準化）

標準化

標準常態分配

1　1
−1　0　1　T

T 服從期望值為 0、標準差為 1 的標準常態分配

以 95% 的機率估計

$$P(|T| \leq 1.96) = 0.95$$

將 T 換回 X。由 X − m = Tσ，可以得到

$$P(|X - m| \leq 1.96\,\sigma) = 0.95$$

面積為 0.95

−1.96　0　1.96　T

$$P(X - 1.96\,\sigma \leq m \leq X + 1.96\,\sigma) = 0.95$$

估計一段區間的方法，稱做區間估計

估計一段區間——「區間估計」～ 其二

讓我們再看一次區間估計的流程。

首先，假設隨機變數 X 服從二項分配 B(600, p)。此時，期望值 m = 600p、標準差 $\sigma = \sqrt{600p(1-p)}$。

接著，為了簡化計算，可以將這個二項分配視為期望值 m = 600p、標準差 $\sigma = \sqrt{600p(1-p)}$ 的常態分配。但是，這裡的期望值和標準差都是由母體中某個事件（這裡的事件為：自母體的 1455 萬台電視中抽選出來的電視正在收看節目 M）發生的機率 p 決定，所以我們並不曉得期望值和標準差的正確數值是多少。

於是，我們以點估計方法估計 $p = \dfrac{99}{600}$。此時，常態分配的標準差會是 $\sigma = \sqrt{600p(1-p)} = 9.09$。另一方面，由前一節的計算可以知道，下式有 95% 的機率成立。

$$X - 1.96\,\sigma \leq m \leq X + 1.96\,\sigma$$

其中，隨機變數 X 為正在收看節目 M 的電視數目。

由抽樣調查結果可以知道，X = 99、m = 600p、$\sigma = 9.09$，故

$$99 - 1.96 \times 9.09 \leq 600\,p \leq 99 + 1.96 \times 9.09$$

最後可以估計出，在 95% 的機率下，p 會滿足以下不等式。

$$0.135 \leq p \leq 0.195$$

這種估計方法稱做「**區間估計**」。這個不等式成立的機率「95%」就是這個區間估計的「**信心水準**」，0.135 到 0.195 的區間則稱做「**信賴區間**」。因此我們可以說，**在信心水準 95% 的情況下，收視率在 13.5% 到 19.5% 之間**。

　　下一節中，來看看在信心水準不同時，信賴區間會有什麼變化。

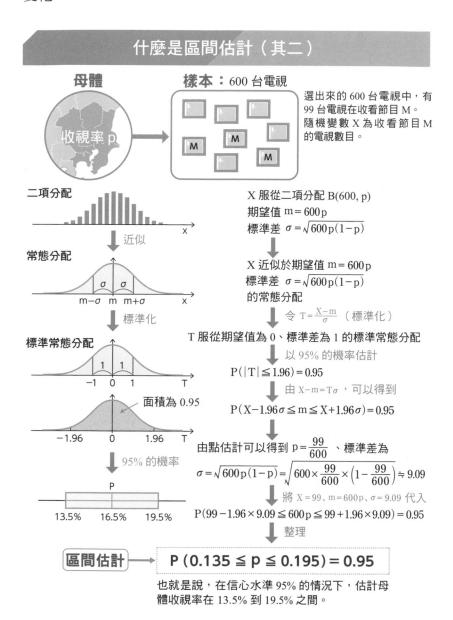

什麼是區間估計（其二）

母體　　　　**樣本：**600 台電視

選出來的 600 台電視中，有 99 台電視在收看節目 M。隨機變數 X 為收看節目 M 的電視數目。

收視率 p

二項分配

X 服從二項分配 $B(600, p)$
期望值 $m = 600p$
標準差 $\sigma = \sqrt{600p(1-p)}$

近似

常態分配

$m-\sigma$　m　$m+\sigma$

X 近似於期望值 $m = 600p$
標準差 $\sigma = \sqrt{600p(1-p)}$
的常態分配

標準化

令 $T = \dfrac{X-m}{\sigma}$（標準化）

標準常態分配

-1　0　1

T 服從期望值為 0、標準差為 1 的標準常態分配

以 95% 的機率估計

$P(|T| \leq 1.96) = 0.95$

面積為 0.95

-1.96　0　1.96

由 $X-m = T\sigma$，可以得到

$P(X - 1.96\sigma \leq m \leq X + 1.96\sigma) = 0.95$

95% 的機率

由點估計可以得到 $p = \dfrac{99}{600}$、標準差為

$\sigma = \sqrt{600p(1-p)} = \sqrt{600 \times \dfrac{99}{600} \times \left(1 - \dfrac{99}{600}\right)} \doteqdot 9.09$

P

13.5%　16.5%　19.5%

將 $X=99$、$m=600p$、$\sigma=9.09$ 代入

$P(99 - 1.96 \times 9.09 \leq 600p \leq 99 + 1.96 \times 9.09) = 0.95$

整理

區間估計 → **$P(0.135 \leq p \leq 0.195) = 0.95$**

也就是說，在信心水準 95% 的情況下，估計母體收視率在 13.5% 到 19.5% 之間。

信心水準的大小與信賴區間的關係

前一節詳細說明了區間估計的方法，讓我們稍微複習一下。
首先，將二項分配 B(600, p) 的隨機變數 X 轉換如下

$$T = \frac{X - m}{\sigma}$$

則隨機變數 T 的分配，會近似於標準常態分配。

$$P(|T| \leq 1.96) = 0.95 \quad \cdots \quad \bigstar \bigstar$$

$|T| \leq 1.96$ 可變形為 $|X - m| \leq 1.96\,\sigma$，也就是說

$$X - 1.96\,\sigma \leq m \leq X + 1.96\,\sigma$$

這條不等式有 95% 的機率會成立。由抽樣調查結果可以得
到 $X = 99$、$\sigma = 9.09$。以此取代母體標準差，可以得到

$$99 - 1.96 \times 9.09 \leq 600\,p \leq 99 + 1.96 \times 9.09$$

最後可估計出，p 有 95% 的機率，會介於 $0.135 \leq p \leq 0.195$
這個區間。也就是說，**在信心水準 95% 的情況下，估計母體收
視率在 13.5% 到 19.5% 之間。**

那麼，如果將信心水準從「95%」提高到「99%」，會變
成怎樣？

先說結論，若將信心水準提高到 99%，則常態分配的兩端
僅各削去 0.5%，由標準常態分配表，0.5%(0.005) 時的 T 值為
2.58，也就是

$$P(|T| \leqq 2.58) = 0.99$$

只要將前頁★★式中的**常數 1.96 置換成 2.58** 就可以了。

相反的，如果想調降信心水準至「90%」，只要將**常數 1.96 置換成 1.65** 就可以了。計算結果如下所示。

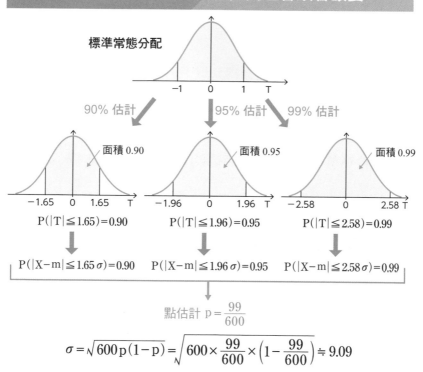

改變信心水準後，信賴區間也會跟著改變

標準常態分配

90% 估計　95% 估計　99% 估計

面積 0.90　　　面積 0.95　　　面積 0.99

$P(|T| \leqq 1.65) = 0.90$　　$P(|T| \leqq 1.96) = 0.95$　　$P(|T| \leqq 2.58) = 0.99$

$P(|X-m| \leqq 1.65\,\sigma) = 0.90$　　$P(|X-m| \leqq 1.96\,\sigma) = 0.95$　　$P(|X-m| \leqq 2.58\,\sigma) = 0.99$

點估計 $p = \dfrac{99}{600}$

$$\sigma = \sqrt{600\,p(1-p)} = \sqrt{600 \times \frac{99}{600} \times \left(1 - \frac{99}{600}\right)} \fallingdotseq 9.09$$

接著將 X = 99、m = 600p 代入式子，可以得到

信心水準為 90% 時　**P (0.140 ≦ p ≦ 0.190) = 0.90**
信心水準為 95% 時　**P (0.135 ≦ p ≦ 0.195) = 0.95**
信心水準為 99% 時　**P (0.126 ≦ p ≦ 0.204) = 0.99**

精靈寶可夢的收視率變化

1997 年 12 月 16 日，有些小孩子在看了東京電視台播放的人氣動畫《精靈寶可夢》後，出現了身體狀況異常，此時的收視率為 16.5%。我們在點估計的部分說明過，「將樣本收視率視為母體收視率」時，可做出以下估計。

$$p = \frac{99}{600} = 0.165 = 16.5\%$$

如前節所述，接著可以得到以下結果。

信心水準為 90% 時，收視率介於 14.0% 與 19.0% 之間
信心水準為 95% 時，收視率介於 13.5% 與 19.5% 之間
信心水準為 99% 時，收視率介於 12.6% 與 20.4% 之間

將信心水準調降為 90% 時，信賴區間會變得比較小；將信心水準調高為 99% 時，信賴區間會變得比較大。也就是說，**信心水準愈高，信賴區間就愈廣**。後來，寶可夢暫時停止播放，隔年 4 月 16 日再度播放時，報紙提到收視率為 16.2%，稍微下滑了一些。

那麼，這小小的收視率變化真的有意義嗎？

從以上計算結果可以知道，不管信心水準設 99%、95%，還是 90%，16.2% 都會落在信賴區間內。因此，**我們可以說 0.3% 的差異沒有什麼意義**。從統計學的角度來看，很難說「收視率受事件影響而下降」。

寶可夢的收視率變化沒有意義

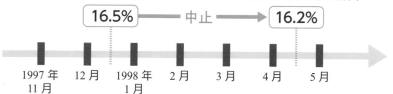

事件發生於 1997 年 12 月 16 日，
當時的精靈寶可夢收視率

於 1998 年 4 月 16 日再度播放，
當時的精靈寶可夢收視率

16.5% ─── 中止 ───→ **16.2%**

1997 年
11 月　12 月　1998 年
1 月　2 月　3 月　4 月　5 月

樣本：600 台電視

1997 年 12 月 16 日，精靈寶可夢的收視率為 16.5%。

$$p = \frac{99}{600} = 0.165 = 16.5\%$$

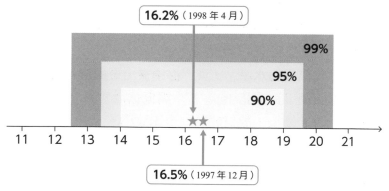

16.2%（1998 年 4 月）

99%

95%

90%

★★

11　12　13　14　15　16　17　18　19　20　21

16.5%（1997 年 12 月）

16.5(%) - 16.2(%) = 0.3(%)。不管信心水準設 99%、95%，還是 90%，16.2% 都會落在信賴區間內。

信心水準提高，信賴區間也會變大

前面幾節中，我們以收視率為例，說明了信心水準與區間估計之間的關係。本節中，讓我們整理一下和區間估計有關的內容。

想由抽樣調查結果估計某個事件 A 發生的比例時，會依照以下步驟進行。設 n 個樣本中，有 r 個樣本發生事件 A，那麼在 95% 的信心水準下，母體內發生事件 A 的比例 p 應在以下區間內。

$$\frac{r}{n} - 1.96\,\frac{\sigma}{n} \leq p \leq \frac{r}{n} + 1.96\,\frac{\sigma}{n}$$

上式中的標準差 σ 用以下數值代入。

$$\sigma = \sqrt{np(1-p)} \doteqdot \sqrt{n \times \frac{r}{n} \times \left(1 - \frac{r}{n}\right)} = \sqrt{r \times \left(1 - \frac{r}{n}\right)}$$

此時，如果將信心水準從「95%」提高到「99%」，便須將第一條式子的 1.96 置換成 2.58；相反的，如果將信心水準調降至「90%」，則須將 1.96 置換成 1.65。

若要「**提高信心水準**」，就「**必須畫出更廣的估計範圍**」，故須拉大信賴區間；相反的，若「**調低信心水準**」，就「**能畫出較窄的估計範圍**」，故信賴區間會比較小。

信心水準 95% 的信賴區間範圍為

$$2 \times 1.96 \times \left(\frac{\sigma}{n}\right)$$

由於 $\sigma = \sqrt{r \times \left(1 - \frac{r}{n}\right)}$，故可將上式變形為

$$2 \times 1.96 \times \sqrt{\frac{r}{n} \times \left(1 - \frac{r}{n}\right)} \times \frac{1}{\sqrt{n}}$$

當 $\dfrac{r}{n}$ 比例不變，信賴區間的範圍會正比於 $\dfrac{1}{\sqrt{n}}$。因此，**若希望範圍縮小至原來的 $\dfrac{1}{2}$，就需要將樣本數提高到 $2^2 = 4$ 倍。**

下一節中將以棒球的打擊率為例，說明信賴區間的應用。

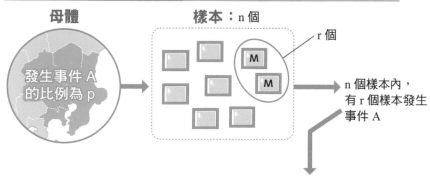

改變信賴水準，信賴區間也會跟著改變

在 95% 信心水準下，母體內發生事件 A 之比例 p 的區間估計為

信心水準 95% $\quad \dfrac{r}{n} - 1.96\,\dfrac{\sigma}{n} \leqq p \leqq \dfrac{r}{n} + 1.96\,\dfrac{\sigma}{n}$

同樣的

信心水準 99% $\quad \dfrac{r}{n} - 2.58\,\dfrac{\sigma}{n} \leqq p \leqq \dfrac{r}{n} + 2.58\,\dfrac{\sigma}{n}$

信心水準 90% $\quad \dfrac{r}{n} - 1.65\,\dfrac{\sigma}{n} \leqq p \leqq \dfrac{r}{n} + 1.65\,\dfrac{\sigma}{n}$

其中 $\sigma = \sqrt{np(1-p)} \fallingdotseq \sqrt{n \times \dfrac{r}{n} \times \left(1 - \dfrac{r}{n}\right)} = \sqrt{r \times \left(1 - \dfrac{r}{n}\right)}$

估計大谷翔平選手未來的打擊率，會得到什麼結果？

2018 年，移籍並活躍於美國職棒大聯盟的日本大谷翔平選手（洛杉磯天使隊）投打俱佳，獲選為當年美國聯盟的新人王。2016 年度，他成為日本職棒史上第一個達成「兩位數勝利、100支安打、20 支全壘打」佳績的選手，帶領日本火腿隊獲得聯盟第一與日本第一。

安打數除以打擊數的比例稱做**打擊率**（嚴格來說，要有無限個打席才能計算出來）。這裡就用大谷選手在日本職棒五年內（2013 ～ 2017 年）的成績來計算打擊率。**假設大谷選手的身體狀況不變（且繼續留在日本職棒）**，讓我們試著用區間估計方法，從這五年的成績估計他未來的打擊率。

大谷選手在這五年的打擊成績中，共有 1035 個打數，他擊出了 296 支安打，故打擊率為 $\frac{296}{1035} = 0.2859\cdots$。由此可以得到 n = 1035、p = 0.286。在 90% 的信心水準下進行區間估計，可以得到打擊率的信賴區間為

$$0.286 \pm 1.65 \sqrt{\frac{0.286 \times (1 - 0.286)}{1035}}$$

也就是介於 0.263 與 0.309 之間。

若將信賴區間改為 95%、99%，再用同樣的方式計算，可以得到以下信賴區間。

信心水準為 90% 時，打擊率介於 0.263 至 0.309 之間
信心水準為 95% 時，打擊率介於 0.258 至 0.314 之間
信心水準為 99% 時，打擊率介於 0.250 至 0.322 之間

前面也有提到，若要提高信心水準，就必須畫出更廣的估計範圍。

　　由這個結果可以看出，即使提高信心水準，拉大信賴區間，也沒辦法讓大谷翔平成為「夢幻般的 4 成打者」。當然，這只是「統計學」上的結果。

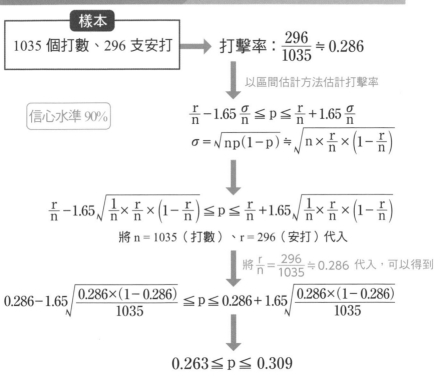

大谷翔平選手的打擊率與區間估計

樣本
1035 個打數、296 支安打　　➡　　打擊率：$\dfrac{296}{1035} \fallingdotseq 0.286$

以區間估計方法估計打擊率

信心水準 90%

$$\frac{r}{n} - 1.65\frac{\sigma}{n} \leqq p \leqq \frac{r}{n} + 1.65\frac{\sigma}{n}$$

$$\sigma = \sqrt{np(1-p)} \fallingdotseq \sqrt{n \times \frac{r}{n} \times \left(1 - \frac{r}{n}\right)}$$

$$\frac{r}{n} - 1.65\sqrt{\frac{1}{n} \times \frac{r}{n} \times \left(1 - \frac{r}{n}\right)} \leqq p \leqq \frac{r}{n} + 1.65\sqrt{\frac{1}{n} \times \frac{r}{n} \times \left(1 - \frac{r}{n}\right)}$$

將 n = 1035（打數）、r = 296（安打）代入

將 $\dfrac{r}{n} = \dfrac{296}{1035} \fallingdotseq 0.286$ 代入，可以得到

$$0.286 - 1.65\sqrt{\frac{0.286 \times (1-0.286)}{1035}} \leqq p \leqq 0.286 + 1.65\sqrt{\frac{0.286 \times (1-0.286)}{1035}}$$

$$0.263 \leqq p \leqq 0.309$$

將信心水準調為 95%、99%，並以相同方法進行區間估計，結果如下

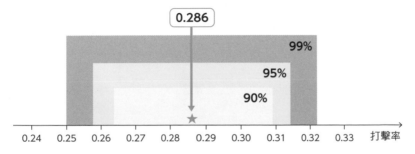

問題
5-1

大谷選手在美國大聯盟第一年（2018）的成績為 326 個打數、93 支安打。因此，打擊率為 $\frac{93}{326} = 0.28527\cdots$。假設大谷選手未來的狀況不變，請使用前面提到的區間估計方法，由 2018 年的成績估計他未來的打擊率。設 n = 326、p = 0.285，請分別計算出信心水準為 90%、95%、99% 時的信賴區間。

5-1
解答

信心水準為 90%、95%、99% 時，信賴區間分別為

$$0.285 \pm 1.65\sqrt{\frac{0.285 \times (1 - 0.285)}{326}}$$

$$0.285 \pm 1.96\sqrt{\frac{0.285 \times (1 - 0.285)}{326}}$$

$$0.285 \pm 2.58\sqrt{\frac{0.285 \times (1 - 0.285)}{326}}$$

計算結果如下

● **信心水準為** 90% **時**

$$0.285 - 1.65 \sqrt{\frac{0.285 \times (1 - 0.285)}{326}} \leq p \leq 0.285 + 1.65 \sqrt{\frac{0.285 \times (1 - 0.285)}{326}}$$

計算後可以得到 0.244 ≦ p ≦ 0.326。**故信心水準為** 90% **時，打擊率介於** 0.244 **至** 0.326 **之間。**

● **信心水準為** 95% **時**

$$0.285 - 1.96 \sqrt{\frac{0.285 \times (1 - 0.285)}{326}} \leq p \leq 0.285 + 1.96 \sqrt{\frac{0.285 \times (1 - 0.285)}{326}}$$

計算後可以得到 0.235 ≦ p ≦ 0.335。**故信心水準為** 95% **時，打擊率介於** 0.235 **至** 0.335 **之間。**

● **信心水準為** 99% **時**

$$0.285 - 2.58 \sqrt{\frac{0.285 \times (1 - 0.285)}{326}} \leq p \leq 0.285 + 2.58 \sqrt{\frac{0.285 \times (1 - 0.285)}{326}}$$

計算後可以得到 0.220 ≦ p ≦ 0.350。**故信心水準為** 99% **時，打擊率介於** 0.220 **至** 0.350 **之間。**

問題
5-2

承上題,如果打數和安打都變為 100 倍,即 32600 個打數、9300 支安打,試求信心水準為 90%、95%、99% 時的信賴區間。

5-2
解答

信心水準為 90%、95%、99% 時,信賴區間分別為

$$0.285 \pm 1.65\sqrt{\frac{0.285 \times (1 - 0.285)}{32600}}$$

$$0.285 \pm 1.96\sqrt{\frac{0.285 \times (1 - 0.285)}{32600}}$$

$$0.285 \pm 2.58\sqrt{\frac{0.285 \times (1 - 0.285)}{32600}}$$

需要注意的是,區間範圍會是前一題的 $\frac{1}{10}$。計算結果如下。

● 信心水準為 90% 時

$$0.285 - 1.65\sqrt{\frac{0.285 \times (1 - 0.285)}{32600}} \leq p \leq 0.285 + 1.65\sqrt{\frac{0.285 \times (1 - 0.285)}{32600}}$$

計算後可以得到 $0.281 \leq p \leq 0.289$。**故信心水準為 90% 時,打擊率介於 0.281 至 0.289 之間。**

● 信心水準為 95% 時

$$0.285 - 1.96\sqrt{\frac{0.285\times(1-0.285)}{32600}} \leqq p \leqq 0.285 + 1.96\sqrt{\frac{0.285\times(1-0.285)}{32600}}$$

計算後可以得到 $0.280 \leqq p \leqq 0.290$。**故信心水準為 95% 時，打擊率介於 0.280 至 0.290 之間。**

● 信心水準為 99% 時

$$0.285 - 2.58\sqrt{\frac{0.285\times(1-0.285)}{32600}} \leqq p \leqq 0.285 + 2.58\sqrt{\frac{0.285\times(1-0.285)}{32600}}$$

計算後可以得到 $0.279 \leqq p \leqq 0.291$。**故信心水準為 99% 時，打擊率介於 0.279 至 0.291 之間。**

　由此可知，當數據變為 100 倍，信賴區間會變得比較狹小。即使調高信心水準至 99%，信賴區間的上限仍不會超過 3 成。

5 「辛普森悖論」是什麼？

假設在一場數學考試中，統計 A 班與 B 班的成績，發現兩班的男生平均分數皆比女生平均分數還高。那麼，如果將 A 班和 B 班的學生混在一起，計算所有學生的平均分數，有可能會得到「男生平均分數比女生平均分數**低**」的結果嗎？

直覺上應該會覺得「這種事不可能發生」。但事實上，這種事**可能發生**。以下就來介紹一個簡單的例子。假設考試分數僅有「1 分、2分、3 分、4 分」四種可能。

◆ A 班

2 名男學生皆為 1 分　　　　　平均分數為 1 分

1 名女學生為 0 分　　　　　　平均分數為 0 分

　　　　　　　　　　　　　（男生的平均分數比女生高）

◆ B 班

1 名男學生為 3 分　　　　　　平均分數為 3 分

6 名女學生皆為 2 分　　　　　平均分數為 2 分

　　　　　　　　　　　　　（男生的平均分數比女生高）

◆ A ＋ B 班

男生的平均分數 $= \dfrac{1 \times 2 + 3 \times 1}{3} = \dfrac{5}{3} ≒ 1.67$

女生的平均分數 $= \dfrac{0 \times 1 + 2 \times 6}{7} = \dfrac{12}{7} ≒ 1.71$

由此可知，就所有學生而言，女生的平均分數（1.71）比男生的平均分數（1.67）高，結果倒過來了。

將母體分為兩個群體個別分析，得到的分析結果卻和母體的分析結果相反，這種矛盾稱做「**辛普森悖論**」。雖然這個例子看起來很特殊，但其實類似的例子隨處可見。

第6章

檢定

建立某個假設，再判斷這個假設是否正確，這樣的過程稱做「**檢定**」。舉例來說，假設擲 10 次硬幣，要出現多少次正面，才能說這枚硬幣「不公正」？本章就是在討論這樣的問題。

如果連續擲硬幣五次都是正面，可以說「這是一枚不公正硬幣」嗎？

第 6 章中，我們要學的是「**檢定**」。讓我們先用擲硬幣這個簡單的例子來說明。

假設我們手上有一枚硬幣。擲一次硬幣時，出現了「正面」。再擲一次硬幣，又出現「正面」。擲第三次、第四次，還是「正面」。最後，一共連續擲出了五次「正面」。

那麼，我們可以說這枚硬幣是一個「正面」和「反面」機率皆為 $\frac{1}{2}$ 的「公正硬幣」嗎？

或許有人認為，「既然連續五次都出現正面，表示這枚硬幣一定不公正」，但也可能有人認為，「如果連續十次都擲出正面，才能說這枚硬幣不公正」。

因此，我們需要一個**客觀的基準**來判斷這枚硬幣是否公正，這時便會用到**「檢定」這個重要的概念**。

連續擲一枚公正硬幣五次，五次都是正面的機率為 1/2 的五次方，如下所示。

$$\frac{1}{2} \times \frac{1}{2} \times \frac{1}{2} \times \frac{1}{2} \times \frac{1}{2} = \left(\frac{1}{2}\right)^5 = \frac{1}{32} = 0.03125 \fallingdotseq 3\%$$

設「連續擲五次硬幣」為一回試驗，那麼以上計算結果就表示，**一百回試驗中，只有三回會出現五次都是正面的結果。**

連續五次都是正面的機率是多少？

A 先生　如果連續五次都是正面，這應該就是一枚不公正的硬幣吧？

B 先生　如果連續十次都是正面，才能說這是一枚不公正的硬幣吧？

這時候就需要用到檢定方法

硬幣 正面 　　　硬幣 反面

擲五次硬幣，連續五次都出現正面

一次 　　兩次 　　三次 　　四次 　　五次

假設這枚硬幣擲出正面和反面的機率都是 $\frac{1}{2}$，連續擲五次，五次都出現正面的機率如下所示。

$$\frac{1}{2} \times \frac{1}{2} \times \frac{1}{2} \times \frac{1}{2} \times \frac{1}{2} = \left(\frac{1}{2}\right)^5 = \frac{1}{32} = 0.03125 \fallingdotseq 3\%$$

如何檢定「這是一枚公正硬幣」的假設是否正確？

讓我們再複習一次前一節中提到的問題。

假設有一枚硬幣，連續擲五次，每一次結果都是正面，那麼這枚硬幣是一枚公正硬幣嗎？

連續擲一枚公正硬幣五次，五次都是正面的機率約為 3%。這表示，如果判斷「這是一枚不公正硬幣」，這個判斷錯誤的機率約只有 3%。或者也可以說，「這是一枚公正硬幣」的機率是 3%。另外，**如果想要縮小判斷錯誤的機率，使其小於 3%，那麼只要多擲幾次硬幣就可以了**。例如擲六次硬幣且六次都是正面，那麼「這是一枚不公正硬幣」這個判斷的錯誤機率就是

$$\left(\frac{1}{2}\right)^6 = \frac{1}{64} = 0.015625 \doteqdot 1.6\%$$

比 3% 還要小。

如果擲七次硬幣，且七次都是正面，那麼「這是一枚不公正硬幣」這個判斷的錯誤機率就是

$$\left(\frac{1}{2}\right)^7 = \frac{1}{128} = 0.0078125 \doteqdot 0.8\%$$

比 1.6% 還要小。

如前一節所述，這樣的檢驗方式就叫做「檢定」。進行檢定時，會先建立「這是一枚公正硬幣」的「**假設**」，然後檢定這個假設是否正確。另外，連續擲五次硬幣都擲出正面的機率為 3%，這裡的 3% 就是檢定錯誤的機率，稱做「**錯誤率**」（或者稱做「**顯著水準**」）。下一節會將以上內容再整理一遍。

如何判斷硬幣是否公正？

假設這枚硬幣出現 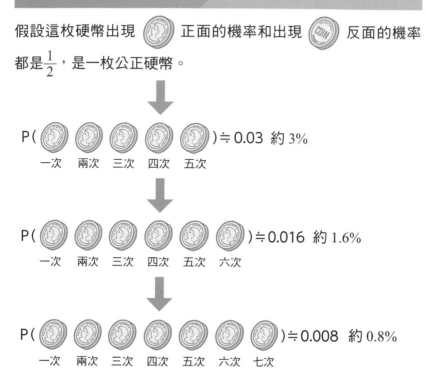 正面的機率和出現 反面的機率 都是 $\frac{1}{2}$，是一枚公正硬幣。

P( ) ≒ 0.03　約 3%
　一次　兩次　三次　四次　五次

P( ) ≒ 0.016　約 1.6%
　一次　兩次　三次　四次　五次　六次

P( ) ≒ 0.008　約 0.8%
　一次　兩次　三次　四次　五次　六次　七次

連續擲出正面的次數愈多，「這是一枚公正硬幣」的機率就愈低。也就是說，這枚硬幣不公正的可能性愈高。

擲硬幣的次數愈多，判斷錯誤的機率就愈低。

了解檢定的獨特概念與流程

前一節提到了檢定的概念，對於第一次看到這些概念的人來說，或許多少會有些疑惑。因為檢定的過程與概念沒有那麼直觀。本節將重新整理一遍檢定的概念。

檢定的一開始，**要先建立一個與自己主張相反的假設**，也就是一個「預計等一下要推翻、使其化為虛無的假設」，又叫做「**虛無假設**」。這種講法應該比較直觀、比較好懂。當然，並不是每一次都能成功讓這個假設「化為虛無」，但這樣的假設一律稱做「虛無假設」。

在前面的例子中，我們建立了「這是一枚公正硬幣」的虛無假設。接著，我們基於實際發生的事件，驗證虛無假設是否正確。我們先假設「虛無假設」為真，以此為前提，計算實際發生事件的發生機率是多少。如果這個機率非常小，就表示在「虛無假設為真」的前提下，事件幾乎不可能發生。這麼一來，我們便可判斷一開始建立的虛無假設「有誤」，於是「**拒絕虛無假設**」，讓虛無假設**化為虛無**。

在擲硬幣的例子中，連續五次擲出正面的機率約為 3%。如果我們認為 3% 的機率「很稀有」，就可以拒絕「這是一枚公正硬幣」的虛無假設，做出「這枚硬幣不公正」的判斷。

下一節中，將會介紹「稀有」的基準與錯誤率的概念。

檢定的概念與流程

假設這是一枚公正硬幣，出現 正面的機率和 反面的機率都是 $\frac{1}{2}$。

 連續出現五次正面的機率 ≒ 0.03 約 3%

如果你認為這樣的機率代表這個事件很稀有

拒絕一開始建立的虛無假設「這是一枚公正硬幣」

判定「這枚硬幣不公正」

重點在於建立與自己的主張相反的假設！

檢定會因為「錯誤率」不同而得到不一樣的結果

前一節整理了檢定的概念。本節將進一步討論**錯誤率**。

假設擲一枚硬幣五次，五次都是正面，於是我們建立了一個不同於自己心裡認知的虛無假設「這是一枚公正硬幣」，然後開始驗證這個假設是否正確。

驗證時，我們以「這是一枚公正硬幣」為前提，計算連續五次都出現正面的機率。這個機率約為 3%。算出了 3% 的結果後，**下一個要問的則是，3% 機率稱得上「稀有」嗎？**

一般來說，在檢定一開始，我們會預先設定「稀有」的基準，也就是錯誤率。例如設定錯誤率為 5%（一百次中會發生五次）或 1%（一百次中會發生一次）。但是，錯誤率的大小本來就會隨著檢定的目的而改變，並不會規定「錯誤率要設定多少」。但是，**通常我們還是會設定錯誤率為 5% 或 1%。**

以擲硬幣為例，假設錯誤率為 5%，這表示我們認為發生機率低於 5% 的事件相當稀有。在此前提下，3% 顯然是非常稀有的事件，所以我們可以拒絕「這是一枚公正硬幣」的虛無假設，得到「這枚硬幣不公正」的結論。

另一方面，如果設定錯誤率為 1%，3% 就不能算是稀有事件。此時，我們便無法拒絕「這是一枚公正硬幣」的虛無假設。**要注意的是，這種情況下，我們仍不會積極接受「這是一枚公正硬幣」的虛無假設。**

決定「稀有」程度的「錯誤率」

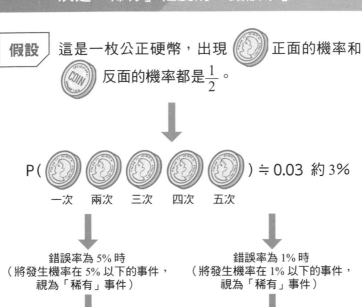

假設　這是一枚公正硬幣，出現 正面的機率和反面的機率都是 $\frac{1}{2}$。

P( ) ≒ 0.03　約 3%

一次　兩次　三次　四次　五次

錯誤率為 5% 時
（將發生機率在 5% 以下的事件，
視為「稀有」事件）

錯誤率為 1% 時
（將發生機率在 1% 以下的事件，
視為「稀有」事件）

發生了「稀有」事件

沒有發生「稀有」事件

拒絕一開始建立的假設

無法拒絕一開始建立的假設

硬幣不公正

無法否定「這是一枚公正硬幣」的虛無假設（但也不會積極接受虛無假設）

隨著錯誤率的改變，「稀有」的基準也會跟著改變。

當「五次有四次是正面」，可以說「這是一枚不公正硬幣」嗎？

讓我們來看一個稍微複雜的硬幣問題。

例如擲硬幣五次，有四次是正面，一次是反面。此時，我們可以說「這是一枚不公正硬幣」嗎？

首先，我們會建立虛無假設「這是一枚公正硬幣」。設擲這枚公正硬幣五次時，擲出正面的次數為 X。就像之前解題時一樣，X 會服從二項分配 $B(5, \frac{1}{2})$。「5」為擲硬幣的次數、「$\frac{1}{2}$」為出現正面的機率。也就是說，擲五次硬幣，五次中出現 k 次正面的事件 {X = k} 的機率如下。

$$P(X=k) = {}_5C_k \left(\frac{1}{2}\right)^k \times \left(\frac{1}{2}\right)^{5-k} = {}_5C_k \left(\frac{1}{2}\right)^5 = \frac{{}_5C_k}{32}$$

分別計算 k = 0, 1, …, 5 的情況，如下所示。

$$P(X = 0) = \frac{{}_5C_0}{32} = 0.03125$$

$$P(X = 1) = \frac{{}_5C_1}{32} = 0.15625$$

$$P(X = 2) = \frac{{}_5C_2}{32} = 0.3125$$

$$P(X = 3) = \frac{{}_5C_3}{32} = 0.3125$$

$$P(X = 4) = \frac{{}_5C_4}{32} = 0.15625$$

$$P(X = 5) = \frac{{}_5C_5}{32} = 0.03125$$

此時，如果「這是一枚公正硬幣」的假設是正確的，擲五次硬幣，五次中出現四次正面的機率 P(X = 4) = 15.625%。但是，

若要正確回答這個問題，就必須將五次中出現五次正面的機率，即 P(X = 5) 也加進來。我們會在下一章中說明為什麼要這樣做。

以二項分配隨機變數來計算出現正面的機率

例 擲五次硬幣，五次中出現四次正面

一次　兩次　三次　四次　五次

擲公正硬幣五次，每次擲硬幣可視為獨立試驗。設出現正面的次數為 X，則 X 會服從二項分配 $B(5, \frac{1}{2})$

$$P(X = k) = {}_5C_k \left(\frac{1}{2}\right)^k \times \left(\frac{1}{2}\right)^{5-k}$$

$$= {}_5C_k \left(\frac{1}{2}\right)^5$$

$$= \frac{{}_5C_k}{32} \ (k = 0 \cdot 1 \cdot \cdots \cdot 5)$$

且 $\displaystyle {}_5C_k = \frac{5!}{k! \times (5-k)!}$

為 5 項物品中選出 k 項的可能組合數

即使「五次有四次正面」，也不能說「這是一枚不公正硬幣」

接續前一節的說明，讓我們來想想看下面這個問題。

擲五次硬幣，設五次中出現四次正面。此時，我們可以說「這是一枚公正硬幣」嗎？讓我們以 5% 錯誤率為標準，來進行檢定。前一節的計算結果整理如下。

X	0	1	2	3	4	5
機率	0.03125	0.15625	0.3125	0.3125	0.15625	0.03125

其中，隨機變數 X 表示出現正面的次數。

由上表可以知道，若「這是一枚公正硬幣」的虛無假設為真，那麼五次中出現四次正面的機率 $P(X = 4)$ 會是 15.625%。本例中，因為 15.625% 這個數值遠比錯誤率還要大，所以不會有什麼爭議。如果五次中出現四次正面的機率比錯誤率小（例如下一節的例子），我們仍無法馬上拒絕虛無假設，馬上做出「這是一枚不公正硬幣」的判斷。因為出現五次正面的情況比出現四次更為稀有，如果出現四次正面時就能拒絕虛無假設，出現五次正面時也一定能拒絕虛無假設，進而得到「這是一枚不公正硬幣」的結論。所以，在判斷「四次正面」能否拒絕虛無假設時，須把「五次正面」的機率加進來才行，如下所示。

$$P(X = 4) + P(X = 5) = 0.15625 + 0.03125 = 0.1875 \doteqdot 19\%$$

我們要看這個機率**是否比錯誤率小**，才能判斷是否該拒絕虛無假設。因為我們設定錯誤率為 5%，而以上結果 19% 遠比 5% 大，故五次中出現四次正面的結果，無法讓我們拒絕「這是一枚公正硬幣」的虛無假設。因此，**我們必須擲更多次硬幣，才能判斷這枚硬幣是否公正。**

由檢定判斷硬幣是否公正

假設 這是一枚公正硬幣，出現 正面的機率和

 反面的機率都是 $\frac{1}{2}$。

設定錯誤率為 5%

→也就是說，若發生機率在 5% 以下，就可以說這件事很「稀有」。

擲五次
硬幣   五次中有四次
是正面

一次　兩次　三次　四次　五次

開始檢定！

P(五次中有四次正面) + P(五次中有五次正面)
=0.15625＋0.03125＝0.1875≒19%

錯誤率 5% < 19%

不能說這件事很稀有

無法拒絕虛無假設 ➡ 下一節中，讓我們來看
看增加擲硬幣次數後，
會有什麼結果

67

若錯誤率是 5%，那麼當「十次有九次正面」，就可以說「這是一枚不公正硬幣」

前一節中，我們擲了五次硬幣，並假設其中四次結果是正面。如果設錯誤率為 5%，便無法拒絕「這是一枚公正硬幣」的虛無假設。本節要討論的是，如果擲十次硬幣，十次中有八次是正面，結論會不會改變。

五次中有四次是正面，和十次中有八次是正面，兩者正面的比例都是八成，結論應該不會變吧？和前一節做法類似，假設擲一枚公正硬幣十次，出現正面的次數為 X，那麼隨機變數 X 會服從二項分配 $B(10, \frac{1}{2})$。也就是說，十次中出現 k 次正面的事件 $\{X = k\}$ 的機率如下。

$$P(X = k) = {}_{10}C_k \left(\frac{1}{2}\right)^k \times \left(\frac{1}{2}\right)^{10-k} = {}_{10}C_k \left(\frac{1}{2}\right)^{10} = \frac{{}_{10}C_k}{1024}$$

將 k = 0, 1, …, 10 代入公式中計算，機率分配結果如次頁所示。與前一節類似，我們須計算出現八次以上正面的機率，也就是 0.044 + 0.010 + 0.001 = 0.055 = 5.5%，比我們一開始設的錯誤率 5% 還要大。這表示我們仍無法主張這是一個「稀有」事件，無法拒絕虛無假設「這是一枚公正硬幣」。

但是，**十次中有九次正面的機率為 0.010 + 0.001 = 0.011 =1.1%、二十次中有十六次正面的機率為 0.6%，兩者錯誤率都小於 5%。故在這兩種情況下，我們都可以主張這是「稀有」事件**，可以拒絕虛無假設「這是一枚公正硬幣」，判斷「這枚硬幣不公正」。

下一章是本書的最後一章，讓我們來看看什麼是「**相關**」。

如果大於錯誤率，就不能說這件事很「稀有」

假設 這是一枚公正硬幣，出現 正面的機率和 反面的機率都是 $\frac{1}{2}$。

設定錯誤率為 5%

→也就是說，若發生機率在 5% 以下，就可以說這件事很「稀有」。

擲十次
硬幣 十次中有
八次是正面

開始檢定！

x	0	1	2	3	4	5	6	7	8	9	10
機率	0.001	0.010	0.044	0.117	0.205	0.246	0.205	0.117	0.044	0.010	0.001

其中，隨機變數 X 為擲十次硬幣時，出現正面的次數

$P(X=8)+P(X=9)+P(X=10)$
$= 0.044 + 0.010 + 0.001$
$= 0.055 = 5.5\%$

錯誤率 5% < 5.5%

不能說這件事很稀有

無法拒絕虛無假設

如果十次中有九次是正面

$P(X=9)+P(X=10)$
$= 0.010 + 0.001 = 1.1\%$

錯誤率 5% > 1.1%

可以說這件事很稀有

拒絕虛無假設

問題 6-1
擲一枚硬幣六次，六次中有五次是正面。此時，建立
虛無假設為「這是一枚公正硬幣」。

①設定錯誤率是 5% 時，可以拒絕這個假設嗎？
②設定錯誤率是 1% 時，可以拒絕這個假設嗎？

6-1
解答

① 擲硬幣六次，設出現正面的次數是 X，那麼隨機變數 X 會服從二項分配 B(6, $\frac{1}{2}$)。「6」是擲硬幣的次數，「$\frac{1}{2}$」是出現正面的機率。

詳細計算如下

$$P(X=5)+P(X=6)=\frac{{}_6C_5+{}_6C_6}{2^6}$$

$$=\frac{\dfrac{6!}{5!\times(6-5)!}+\dfrac{6!}{6!\times(6-6)!}}{64}$$

$$=\frac{\left(\dfrac{6\times5\times4\times3\times2\times1}{5\times4\times3\times2\times1\times1}\right)+\left(\dfrac{6\times5\times4\times3\times2\times1}{6\times5\times4\times3\times2\times1}\right)}{64}$$

$$=\frac{6+1}{64}$$

$$=\frac{7}{64}$$

$$\fallingdotseq 0.109$$

出現五次以上正面的機率**約為 11%**。

11% 大於一開始設定的錯誤率 5%，故無法拒絕虛無假設。

② 同樣的，11% 大於一開始設定的錯誤率 1%，故無法拒絕虛無假設。

問題
6-2

擲一枚硬幣八次，八次中有七次是正面。此時，建立
虛無假設為「這是一枚公正硬幣」。

①設定錯誤率是 5% 時，可以拒絕這個假設嗎？
②設定錯誤率是 1% 時，可以拒絕這個假設嗎？

6-2
解答

① 擲硬幣八次，設出現正面的次數是 Y，那麼隨機變數 Y 會服從二項分配 B(8, $\frac{1}{2}$)。「8」是擲硬幣的次數，「$\frac{1}{2}$」是出現正面的機率。

詳細計算如下

$$P\,(Y = 7) + P\,(Y = 8) = \frac{_8C_7 + {_8}C_8}{2^8}$$

$$= \frac{\dfrac{8!}{7! \times (8-7)!} + \dfrac{8!}{8! \times (8-8)!}}{256}$$

$$= \frac{\left(\dfrac{8 \times 7 \times 6 \times 5 \times 4 \times 3 \times 2 \times 1}{7 \times 6 \times 5 \times 4 \times 3 \times 2 \times 1 \times 1}\right) + \left(\dfrac{8 \times 7 \times 6 \times 5 \times 4 \times 3 \times 2 \times 1}{8 \times 7 \times 6 \times 5 \times 4 \times 3 \times 2 \times 1 \times 1}\right)}{256}$$

$$= \frac{8+1}{256}$$

$$= \frac{9}{256}$$

$$\fallingdotseq 0.035$$

出現七次以上正面的機率約為 4%。

4% 小於一開始設定的錯誤率 5%，故可拒絕虛無假設。

② 4% 大於一開始設定的錯誤率 1%，故無法拒絕虛無假設。

6 在日本買彩券應該買「連號」？還是買「號碼分散」？

　　這裡就讓我們來算算看，要怎麼買**彩券**比較會中獎？假設彩券總共有 n 個號碼，開獎時只有 1、2、n 三個號碼中獎。買到 1 號的人可以獲得 10 萬日圓、買到 2 號或 n 號的人可以獲得 1 萬日圓，其他號碼則獲得 0 日圓（沒中獎）。此時，「購買連續 m 個號碼」和「任意購買 m 個號碼」，哪種購買方式的彩金期望值會比較高？其中，購買連號時，定義 n 號的下一個號碼是 1 號。

　　用 n 和 m 來表示，看起來有些抽象，這裡就先假設 n = 5、m = 3。此時，彩券共有 1、2、3、4、5 五個號碼，購買連續 3 個號碼時，共有 {1, 2, 3}、{2, 3, 4}、{3, 4, 5}、{4, 5, 1}、{5, 1, 2} 五種購買方式，買到上述任一種號碼組合的機率都是 $\frac{1}{5}$。這五種組合獲得的彩金依序為 11 萬日圓、1 萬日圓、1 萬日圓、11 萬日圓、12 萬日圓。期望值為 $\frac{11+1+1+11+12}{5}$ = $\frac{36}{5}$ = 7.2 萬日圓。

　　另一方面，如果「任意購買 3 個號碼」，就相當於是「從 5 個號碼中，不排序選出 3 個號碼」的組合，總數為 $_5C_3$ = 10，買到上述任一種號碼組合的機率都是 $\frac{1}{10}$。

　　這十種購買方式分別為 {1, 2, 3}、{1, 2, 4}、{1, 2, 5}、{1, 3, 4}、{1, 3, 5}、{1, 4, 5}、{2, 3, 4}、{2, 3, 5}、{2, 4, 5}、{3, 4, 5}，機率各為 $\frac{1}{10}$。彩金依序為 11 萬日圓、11 萬日圓、12 萬日圓、10 萬日圓、11 萬日圓、11 萬日圓、1 萬日圓、2 萬日圓、2 萬日圓、1 萬日圓。期望值為 $\frac{72}{10}$ = 7.2 萬日圓。由此可以看出，不管是「連號」，還是「任選號碼」，彩金的期望值都相等。

　　這並不是特例。事實上，對於一般化的 m 和 n，不管是購買「連號」，還是「任選號碼」，期望值都是「$12\frac{m}{n}$」萬日圓。

第 **7** 章

相關

最後一章要介紹的是**兩種變數之間的關係**，也就是「相關」。我們會定義「相關係數」，以數值來表示兩群數據的相關程度，並用簡單的例子來說明如何計算相關係數。

判斷兩群數據的關係

在最後的第 7 章，我們會介紹**如何用一個數值來表示一種數據與另一種數據之間的關係有多大**。例如「身高與體重的關係」「年齡與血壓的關係」「數學成績與理科成績的關係」等。本章一開始會先以相對簡單的成績數據為例，說明一種數據與另一種數據之間的「關係」是什麼意思。

假設有 a、b、c、d 四位學生，他們的七個科目（科目 A 到科目 G）成績如下所示，分數可能為「10 分、20 分、30 分、40 分」。

科目	A	B	C	D	E	F	G
學生 a	10	10	20	30	20	30	40
學生 b	20	20	10	10	40	40	30
學生 c	30	30	40	40	10	10	20
學生 d	40	40	30	20	30	20	10

就這四位學生來說，科目 A 與科目 B 的成績傾向完全相同，科目 A 與科目 G 的成績傾向完全相反，科目 A 與科目 D 的成績看起來沒什麼關係。大略看一下成績統計表後，可以歸納出這些結論。但是，光看表格並不能準確判斷數據間的關係。

下一節中，將介紹**視覺化的呈現方式**，讓數據之間的關係更一目了然。

兩群數據間有什麼關係？

科目	A	B	C	D	E	F	G
學生 a	10	10	20	30	20	30	40
學生 b	20	20	10	10	40	40	30
學生 c	30	30	40	40	10	10	20
學生 d	40	40	30	20	30	20	10

傾向相同

看起來沒有關係

傾向相反

只看表格仍無法清楚說明數據間的關係

用「相關圖」將不同數據間的關係視覺化

前一節中，我們已看過了四位學生的成績，如下表所示。

科目	A	B	C	D	E	F	G
學生 a	10	10	20	30	20	30	40
學生 b	20	20	10	10	40	40	30
學生 c	30	30	40	40	10	10	20
學生 d	40	40	30	20	30	20	10

本節會以科目 A 為基準，觀察科目 A 與其他科目的成績之間有什麼關係。若想看出各科成績之間的關係，比起用肉眼觀察上表，其實還有更有效的方法。

舉例來說，讓我們來看看科目 A 的成績與科目 B 的成績之間有什麼關係。

設科目 A 的成績為 x 座標，科目 B 的成績為 y 座標，將四名學生的數據標在 x-y 座標圖上，可以得到次頁的圖。如圖所示，將同一人的兩個數值（亦即兩個科目的成績）化為 x 座標與 y 座標，畫在 x-y 座標圖上，就是所謂的「**相關圖**」，又稱做「**散佈圖**」。

次頁的相關圖中，四個點都在直線「y = x」上，可以解讀成**兩科目之間有著「科目 A 的成績愈好，科目 B 的成績也愈好」的傾向**。

下一節中，我們會繼續用相關圖來分析科目 A 與其他科目之間的關係。

將學生成績視覺化

科目	A	B	C	D	E	F	G
學生 a	10	10	20	30	20	30	40
學生 b	20	20	10	10	40	40	30
學生 c	30	30	40	40	10	10	20
學生 d	40	40	30	20	30	20	10

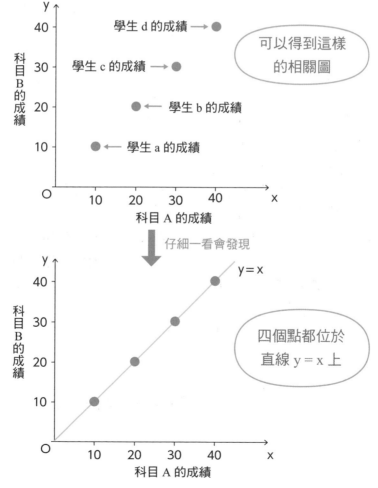

169

什麼是「強相關」「弱相關」和「零相關」？

接續前一節，學生們的成績如下。

科目	A	B	C	D	E	F	G
學生 a	10	10	20	30	20	30	40
學生 b	20	20	10	10	40	40	30
學生 c	30	30	40	40	10	10	20
學生 d	40	40	30	20	30	20	10

接下來，我們要使用前一節介紹的相關圖，以科目 A 的成績為基準，分析科目 A 與其他六個科目之間的關係。

次頁列出了科目 A 與其他六個科目的相關圖。像是科目 A 與 B 這種「一個變數增加時，另一個變數也傾向增加」的關係，稱做「**正相關**」；相對的，像是科目 A 與 G 這種「一個變數增加時，另一個變數傾向減少」的關係，稱做「**負相關**」。

不管是正相關還是負相關，當相關圖上的各點分布愈接近一條直線，這兩個變數的相關性就愈強，稱做「**強相關**」；相對的，當各點分布愈不像一條直線，這兩個變數的相關性就愈弱，稱做「**弱相關**」。另外，科目 A 與 D、科目 A 與 E 看不出有任何傾向，因此這兩個科目的成績「**零相關**」。

那麼，科目 A 與 C、科目 A 與 F 的成績有沒有相關性？科目 A 與 C 的成績看起來似乎是正相關，科目 A 與 F 的成績看起來似乎是負相關，但這兩種情況都有些模糊不清。

下一節中，將會介紹如何**用數值來表示相關的強度**。

觀察成績的相關性

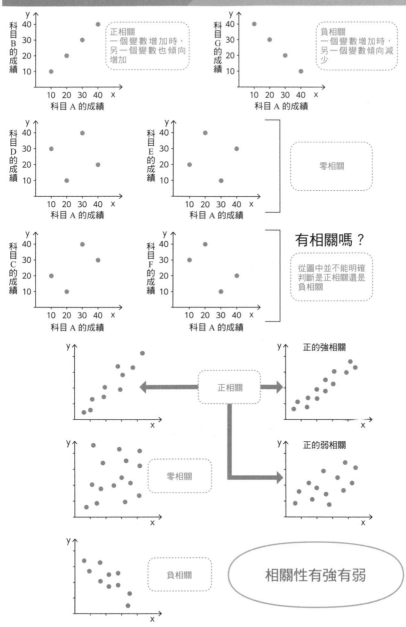

「相關係數」可以表示不同數據間的相關程度

本節繼續以學生成績為例，說明如何用一個**數值**來表示兩個變數之間的相關程度。

科目 A 與 B 的成績、科目 A 與 G 的成績相關圖如次頁所示。

假設在將變數之間的關係數值化時，想用「正數」來表示兩個變數正相關，用「負數」來表示兩個變數負相關，用「0」來表示兩個變數零相關。

另外，如果兩個變數在相關圖上的分布像科目 A 與 B 的成績一樣，所有數據「皆排列在一條正斜率直線上」（一個變數愈大，另一個變數也愈大，故會形成右上左下走向的直線），此時我們希望這兩個變數的相關程度為「1」；相反的，如果兩個變數的分布像科目 A 與 G 的成績一樣，所有數據「皆排列在一條負斜率直線上」（一個變數愈大，另一個變數愈小，故會形成左上右下走向的直線），此時我們希望這兩個變數的相關程度為「-1」。若能依照這樣的方式標準化相關程度的大小，我們就能比較各種數據之間的相關程度了。

當兩個變數的相關程度為「1」，稱做「**完全正相關**」；相關程度為「-1」時，稱做「**完全負相關**」。

那麼有沒有一個「適當的計算方法」，能讓我們計算出一個符合上述性質的數值呢？

答案是有的，這種「適當的計算方法」所算出來的數值，就叫做「**相關係數**」，又叫做「**積差相關係數**」。

下一節起，將介紹**計算相關係數的公式**。

相關程度的數值化

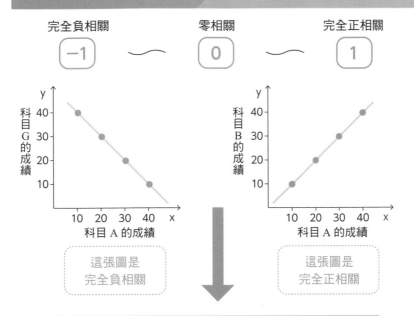

完全負相關　　　　　　零相關　　　　　完全正相關

-1　　　～　　　0　　　～　　　1

這張圖是
完全負相關

這張圖是
完全正相關

假設有某一種計算方式，當兩變數完全負相關，用這種方法計算出來的數值為 -1；兩變數完全正相關時，計算出來的數值為 1。這種計算方法所算出來的數值，就是下一節會介紹的「相關係數」。

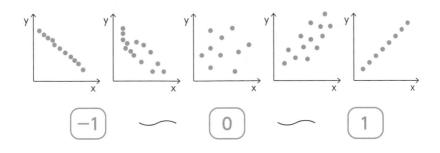

-1　　～　　0　　～　　1

相關係數可以顯示兩種變數之間的相關程度。

「相關係數」的公式

前一節提到相關係數可以滿足以下性質。

完全負相關　　　　　零相關　　　　　完全正相關

-1 ⌒ 0 ⌒ 1

本節要說明的是**相關係數的計算方式**。假設有兩種變數，各有 n 個數值一一對應，分別為

x_1、x_2、$\cdots$、x_n

y_1、y_2、$\cdots$、y_n

此時，相關係數 r 的定義如下所示。

$$r = \frac{\sum(x_i - \bar{x})(y_i - \bar{y})}{\sqrt{\sum(x_i - \bar{x})^2 \cdot \sum(y_i - \bar{y})^2}}$$

$\sum$（大寫的 sigma）是「合計」的意思。$\sum$ 表示將 i 等於 1 到 n 時的每個計算結果加總起來。$\bar{x}$ 為 $x_1, x_2, \cdots, x_n$ 的平均值

$$\bar{x} = \frac{x_1 + x_2 + \cdots + x_n}{n} = \frac{\sum x_i}{n}$$

同樣的，$\bar{y}$ 為 $y_1, y_2, \cdots, y_n$ 的平均值

$$\bar{y} = \frac{y_1 + y_2 + \cdots + y_n}{n} = \frac{\sum y_i}{n}$$

前面提到的相關係數公式**乍看之下很複雜，但實際上的概念並不難。**為了幫助各位熟悉相關係數的公式，下一節會再使用本章的學生成績為例，算算看各科成績之間的相關係數。

相關係數的公式

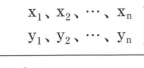

$x_1 \ 、 x_2 \ 、 \cdots \ 、 x_n$
$y_1 \ 、 y_2 \ 、 \cdots \ 、 y_n$　　　**兩種數據**

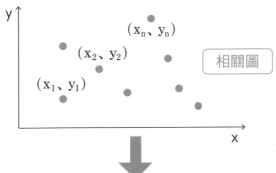

相關圖

$(x_n 、 y_n)$
$(x_2 、 y_2)$
$(x_1 、 y_1)$

相關係數
$$r = \frac{\sum (x_i - \bar{x})(y_i - \bar{y})}{\sqrt{\sum (x_i - \bar{x})^2 \cdot \sum (y_i - \bar{y})^2}}$$

其中

$$\bar{x} = \frac{x_1 + x_2 + \cdots + x_n}{n} = \frac{\sum x_i}{n}$$

數據
$x_1 \ 、 x_2 \ 、 \cdots \ 、 x_n$
的平均值

$$\bar{y} = \frac{y_1 + y_2 + \cdots + y_n}{n} = \frac{\sum y_i}{n}$$

數據
$y_1 \ 、 y_2 \ 、 \cdots \ 、 y_n$
的平均值

相關係數的計算方法～例一

前一節介紹了「相關係數的定義式」。本節就讓我們**實際算出相關係數**。首先，來計算科目 A 與科目 B 成績的相關係數。

	a	b	c	d
科目 A	10	20	30	40
科目 B	10	20	30	40

設科目 A 的成績為 x_i，其平均值為

$$\bar{x} = \frac{10+20+30+40}{4} = 25$$

設科目 B 的成績為 y_i，其平均值為 $\bar{y} = 25$。故可以得到

$$\sum (x_i - \bar{x})(y_i - \bar{y})$$
$$= (10-25)^2 + (20-25)^2 + (30-25)^2 + (40-25)^2$$
$$= (-15)^2 + (-5)^2 + 5^2 + 15^2$$
$$= 225 + 25 + 25 + 225 = 500$$

同樣的

$$\sum (x_i - \bar{x})^2 = \sum (y_i - \bar{y})^2$$
$$= (10-25)^2 + (20-25)^2 + (30-25)^2 + (40-25)^2$$
$$= 225 + 25 + 25 + 225 = 500$$

故相關係數 r 可由以下算式求出，$r = 1$。

$$r = \frac{500}{\sqrt{500^2}} = \frac{500}{500} = 1$$

將上述計算過程改寫成下方的表，看起來就簡單多了，計

算時也不容易出錯。下一節中，我們將試著計算其他情況下的
相關係數。

計算科目 A 與科目 B 的相關係數

$$相關係數\ r = \frac{\sum(x_i - \bar{x})(y_i - \bar{y})}{\sqrt{\sum(x_i - \bar{x})^2 \cdot \sum(y_i - \bar{y})^2}}$$

其中 $\bar{x} = \frac{\sum x_i}{n}$、 $\bar{y} = \frac{\sum y_i}{n}$

科目 A 的成績 $x_1 = 10$、 $x_2 = 20$、 $x_3 = 30$、 $x_4 = 40$
科目 B 的成績 $y_1 = 10$、 $y_2 = 20$、 $y_3 = 30$、 $y_4 = 40$

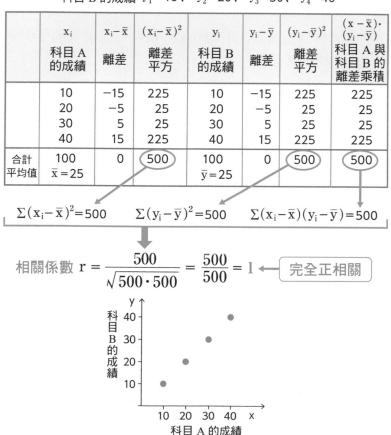

	x_i 科目 A 的成績	$x_i - \bar{x}$ 離差	$(x_i - \bar{x})^2$ 離差平方	y_i 科目 B 的成績	$y_i - \bar{y}$ 離差	$(y_i - \bar{y})^2$ 離差平方	$(x - \bar{x}) \cdot (y_i - \bar{y})$ 科目 A 與科目 B 的離差乘積
	10	−15	225	10	−15	225	225
	20	−5	25	20	−5	25	25
	30	5	25	30	5	25	25
	40	15	225	40	15	225	225
合計 平均值	100 $\bar{x} = 25$	0	500	100 $\bar{y} = 25$	0	500	500

$\sum(x_i - \bar{x})^2 = 500$　　$\sum(y_i - \bar{y})^2 = 500$　　$\sum(x_i - \bar{x})(y_i - \bar{y}) = 500$

$$相關係數\ r = \frac{500}{\sqrt{500 \cdot 500}} = \frac{500}{500} = 1$$　　完全正相關

相關係數的計算方法～例二

前一節算出科目 A 與科目 B 成績的相關係數 r 為 1。本節將繼續算出科目 A 與科目 C 成績的相關係數。

	a	b	c	d
科目 A	10	20	30	40
科目 C	20	10	40	30

首先，科目 A 成績的平均值 $\bar{x}$ 與科目 C 成績 y_i 的平均值 $\bar{y}$ 皆為 25。故可以得到

$\sum (x_i - \bar{x})(y_i - \bar{y})$

$= (10-25)(20-25) + (20-25)(10-25) + (30-25)(40-25)$

$\quad + (40-25)(30-25)$

$= (-15) \times (-5) + (-5) \times (-15) + 5 \times 15 + 15 \times 5$

$= 75 + 75 + 75 + 75 = 300$

同樣的

$\sum (x_i - \bar{x})^2$

$= (10-25)^2 + (20-25)^2 + (30-25)^2 + (40-25)^2 = 500$

$\sum (y_i - \bar{y})^2$

$= (20-25)^2 + (10-25)^2 + (40-25)^2 + (30-25)^2 = 500$

因此，相關係數 r 的計算結果如下所示，$r = 0.6$。

$$r = \frac{300}{\sqrt{500^2}} = \frac{300}{500} = 0.6$$

和前一節一樣，這裡也將計算過程改寫成下方的表。下一節中，我們要談的是**相關係數為 0 的情況**。

計算科目 A 與科目 C 的相關係數

相關係數 $r = \dfrac{\sum(x_i - \bar{x})(y_i - \bar{y})}{\sqrt{\sum(x_i - \bar{x})^2 \cdot \sum(y_i - \bar{y})^2}}$

其中
$\bar{x} = \dfrac{\sum x_i}{n}$、$\bar{y} = \dfrac{\sum y_i}{n}$

科目 A 的成績 $x_1 = 10$、 $x_2 = 20$、 $x_3 = 30$、 $x_4 = 40$
科目 C 的成績 $y_1 = 20$、 $y_2 = 10$、 $y_3 = 40$、 $y_4 = 30$

	x_i 科目 A 的成績	$x_i - \bar{x}$ 離差	$(x_i - \bar{x})^2$ 離差 平方	y_i 科目 C 的成績	$y_i - \bar{y}$ 離差	$(y_i - \bar{y})^2$ 離差 平方	$(x - \bar{x}) \cdot$ $(y_i - \bar{y})$ 科目 A 與 科目 C 的 離差乘積
	10	−15	225	20	−5	25	75
	20	−5	25	10	−15	225	75
	30	5	25	40	15	225	75
	40	15	225	30	5	25	75
合計 平均值	100 $\bar{x} = 25$	0	500	100 $\bar{y} = 25$	0	500	300

$\sum(x_i - \bar{x})^2 = 500$ $\qquad \sum(y_i - \bar{y})^2 = 500$ $\qquad \sum(x_i - \bar{x})(y_i - \bar{y}) = 300$

相關係數 $r = \dfrac{300}{\sqrt{500 \cdot 500}} = \dfrac{300}{500} = 0.6$ ← 正相關

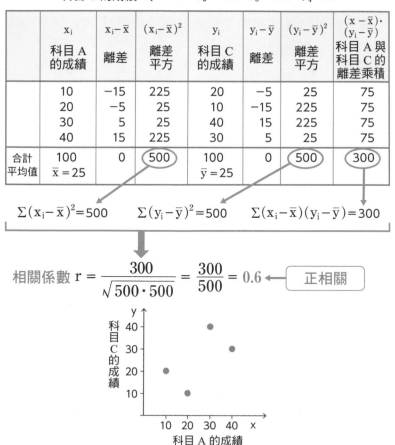

相關係數的計算方法～例三

前一節算出科目 A 與科目 C 成績的相關係數 r 為 0.6。本節就讓我們算算看**科目 A 與科目 D 成績的相關係數**。

	a	b	c	d
科目 A	10	20	30	40
科目 D	30	10	40	20

首先，科目 A 成績的平均值 $\bar{x}$ 與科目 D 成績 y_i 的平均值 $\bar{y}$ 皆為 25。故可以得到

$$\sum (x_i - \bar{x})(y_i - \bar{y})$$
$$= (10 - 25)(30 - 25) + (20 - 25)(10 - 25) + (30 - 25)(40 - 25)$$
$$\quad + (40 - 25)(20 - 25)$$
$$= (-15) \times 5 + (-5) \times (-15) + 5 \times 15 + 15 \times (-5)$$
$$= -75 + 75 + 75 - 75 = 0$$

同樣的

$$\sum (x_i - \bar{x})^2$$
$$= (10 - 25)^2 + (20 - 25)^2 + (30 - 25)^2 + (40 - 25)^2 = 500$$
$$\sum (y_i - \bar{y})^2$$
$$= (30 - 25)^2 + (10 - 25)^2 + (40 - 25)^2 + (20 - 25)^2 = 500$$

因此，相關係數 r 的計算結果如下所示，r = 0。

$$r = \frac{0}{\sqrt{500^2}} = \frac{0}{500} = 0$$

上述計算過程可整理成下表。**剩下的科目 E、F、G 也可以用同樣的方法計算出相關係數。**

計算科目 A 與科目 D 的相關係數

$$相關係數\ \ r = \frac{\sum(x_i-\bar{x})(y_i-\bar{y})}{\sqrt{\sum(x_i-\bar{x})^2 \cdot \sum(y_i-\bar{y})^2}}$$

其中
$\bar{x}=\frac{\sum x_i}{n}$、$\bar{y}=\frac{\sum y_i}{n}$

科目 A 的成績　$x_1=10$、　$x_2=20$、　$x_3=30$、　$x_4=40$

科目 D 的成績　$y_1=30$、　$y_2=10$、　$y_3=40$、　$y_4=20$

	x_i 科目 A 的成績	$x_i-\bar{x}$ 離差	$(x_i-\bar{x})^2$ 離差平方	y_i 科目 D 的成績	$y_i-\bar{y}$ 離差	$(y_i-\bar{y})^2$ 離差平方	$(x-\bar{x}) \cdot (y_i-\bar{y})$ 科目 A 與科目 D 的離差乘積
	10	−15	225	30	5	25	−75
	20	−5	25	10	−15	225	75
	30	5	25	40	15	225	75
	40	15	225	20	−5	25	−75
合計 平均值	100 $\bar{x}=25$	0	500	100 $\bar{y}=25$	0	500	0

$$\sum(x_i-\bar{x})^2=500 \qquad \sum(y_i-\bar{y})^2=500 \qquad \sum(x_i-\bar{x})(y_i-\bar{y})=0$$

$$相關係數\ \ r = \frac{0}{\sqrt{500 \cdot 500}} = \frac{0}{500} = 0 \quad \longleftarrow \boxed{零相關}$$

相關係數的總整理

以上各節中，我們計算出了科目 A 與其他科目成績的相關係數，整理如下。

科目	A	B	C	D	E	F	G
學生 a	10	10	20	30	20	30	40
學生 b	20	20	10	10	40	40	30
學生 c	30	30	40	40	10	10	20
學生 d	40	40	30	20	30	20	10
相關係數		1	0.6	0	0	− 0.6	− 1

由這個成績的例子可以看出，相關係數 r 滿足以下關係。

完全負相關		零相關		完全正相關
−1	～～	0	～～	1

但是相關係數高並不代表其中一個變數一定會影響另一個變數，換句話說，這兩個變數不一定存在「**因果關係**」。舉例來說，都市人口與居酒屋數量的相關係數應該會很高才對，這時我們可以推論兩者間可能有「因為人口增加，導致居酒屋數量增加」的因果關係。然而**「居酒屋數量增加，並不代表人口一定也會跟著增加」**。人口與書店數量的關係，和人口與居酒屋數量的關係類似。那麼，書店數量與居酒屋數量的關係又是如何？既然人口與書店數量、人口與居酒屋數量的相關係數都很高，那麼書店數量與居酒屋數量的相關係數應該也很高才對。但是，**書店數量增加，並不會造成居酒屋數量增加；相對的，居酒屋數量增加，也不會造成書店數量增加。所以相關係數高，**

不代表兩者間有因果關係，請特別注意這點。

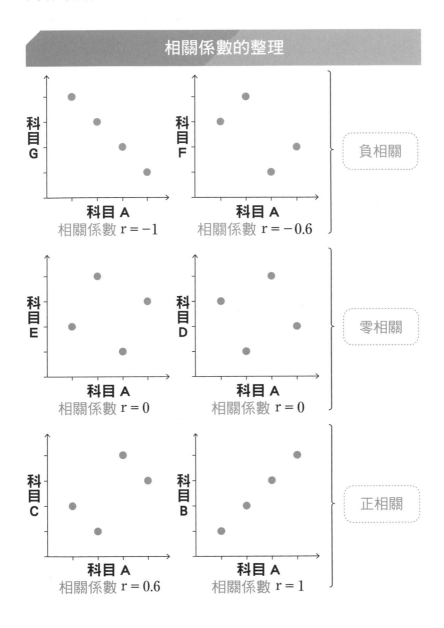

相關係數的整理

科目 G　相關係數 r = −1

科目 F　相關係數 r = −0.6

負相關

科目 E　相關係數 r = 0

科目 D　相關係數 r = 0

零相關

科目 C　相關係數 r = 0.6

科目 B　相關係數 r = 1

正相關

問題 7-1 假設有 a、b、c、d、e 五位學生。這幾位學生的五個科目（科目 A 至科目 E）成績如下。

科目	A	B	C	D	E
a	10	10	50	40	40
b	20	20	40	10	10
c	30	30	30	30	20
d	40	40	20	50	50
e	50	50	10	20	30

①試求科目 A 與科目 B 成績的相關係數。
②試求科目 A 與科目 C 成績的相關係數。
③試求科目 A 與科目 D 成績的相關係數。
④試求科目 A 與科目 E 成績的相關係數。

7-1 解答 計算方法與本章例題類似，如下所示。

①設科目 A 的成績 x_i，求其平均值

$$\bar{x} = \frac{10+20+30+40+50}{5} = 30$$

設科目 B 的成績 y_i，求其平均值

$$\bar{y} = \frac{10+20+30+40+50}{5} = 30$$

因此

$$\sum (x_i - \bar{x})(y_i - \bar{y})$$
$$= (10-30)^2 + (20-30)^2 + (30-30)^2 + (40-30)^2 + (50-30)^2$$
$$= (-20)^2 + (-10)^2 + 0^2 + 10^2 + 20^2$$
$$= 400 + 100 + 0 + 100 + 400 = 1000$$

同樣的

$$\sqrt{\sum (x_i - \bar{x})^2 \cdot \sum (y_i - \bar{y})^2}$$
$$= \sqrt{\left((-20)^2+(-10)^2+0^2+10^2+20^2\right) \times \left((-20)^2+(-10)^2+0^2+10^2+20^2\right)}$$
$$= \sqrt{(400+100+0+100+400) \times (400+100+0+100+400)}$$
$$= \sqrt{1000000}$$
$$= 1000$$

故可以得到 $\frac{1000}{1000} = 1$。

①答：1

用同樣的方法計算其他各題，可以得到以下答案。

②答：-1

③答：0

④答：0.2

7 「無法計算期望值」的抽獎

當我看到日本的手機「抽獎」，常會有「這什麼啊？」的感覺。舉例來說，假設有個手機抽獎的抽獎方式為「每天抽出 1 名幸運兒，可獲得 1000 點的回饋；每天抽出 1000 名幸運兒，可獲得 1 點的回饋」。此時，這個抽獎的期望值是多少？事實上，**因為我們不曉得總共有幾個人參加抽獎，所以無法計算期望值是多少。**假設參加人數是 N 名，那麼期望值的計算如下。

$$1000 \times \left(\frac{1}{N}\right) + 1 \times \left(\frac{1000}{N}\right) = \frac{2000}{N}$$

其中，因為 $\frac{1000}{N}$ 是機率，必須小於等於 1，故 N 必為大於等於 1000 的數。

由以上算式可以看出「**期望值會受到參加人數 N 的影響**」。如果不曉得總人數 N 是多少，就不可能計算出正確的期望值。

假設有另一個抽獎，參加總人數同樣是 N，抽獎方式則是「每天抽出 1 名幸運兒，可獲得 700 點回饋；每天抽出 700 名幸運兒，可獲得 2 點回饋」，我們就能夠比較這兩個抽獎的期望值了。後者的期望值可計算如下。

$$700 \times \left(\frac{1}{N}\right) + 2 \times \left(\frac{700}{N}\right) = \frac{2100}{N}$$

因此我們可以知道，後者的期望值比前者還要大，報酬比較好。但如果後者的參加人數是前者的兩倍，也就是 2N，後者的期望值就會減為一半，變成「$\frac{1050}{N}$」。這麼一來，後者的期望值就變得比前者小了。在抽獎的時候最好要注意到這些小細節。

後記

　　校對本書時，不知為何，特別在意第一節（1-1）的標題「當有人問你『每週喝幾次酒』，你會覺得很難回答嗎？」於是，為了解「自己每週到底會喝幾次酒」，我回去翻我的手帳，認真計算這一年來的喝酒情況。

　　假設「有喝酒的那天算一次」，可以得到「每週平均只喝0.5次酒」。不管是我，還是周圍的朋友，都認為我是很愛喝酒的人，但這樣的結果會讓人覺得「比想像中喝得還要少」。到底**為什麼會有這種落差感呢？**

　　事實上，在我計算喝酒次數那年的前一年，正好是我的還曆之年（六十歲）。當時受到許多人的祝賀，喝酒的機會也比較多。以還曆之年為界，這些日子以來，考慮到健康狀況，就算是參加學校內的酒宴而必須喝酒，也都改喝無酒精、又稱做「飲用點滴」的**甘酒**。也就是說，過了還曆之年後，我不只減少參加酒宴的次數，就算參加酒宴，也都改喝甘酒。這就是我喝酒次數減少的重要原因之一。

　　當然還有別的原因。如果在校外要喝酒，我幾乎都會到**野毛**喝。野毛被認為是「橫濱地區嗜酒人士的最終去處」，是一個充滿昭和氣氛的居酒屋街區。有些店家會一直開到早上四點，一不小心就會

從晚上喝到天亮。我有時候會一攤接著一攤，連喝數間居酒屋，可以說是**在一天之內喝了好幾次酒宴的分量**。

由此看來，「一週喝幾次酒」這個乍聽之下很簡單的問題，隨著回答方式的不同，以及對喝酒的解釋不同，會得到各種不同的資訊。也就是說，在統計學這門學問中，數據的取得方式、解釋方式皆相當重要。

差不多該放下筆了。就拿「前言」中偽造統計數據的話題做為下酒菜，出門喝一杯吧！今晚要去哪裡喝呢？

於橫濱・野毛
今野紀雄

主要參考文獻

大村 平 / 著『統計のはなし』（日科技連、2002 年）

大村 平 / 著『統計解析のはなし』（日科技連、2006 年）

東京大学教養学部統計学教室 / 編『統計学入門』（東京大学出版会、1991 年）

C.R. ラオ / 著『統計学とは何か』（丸善、1993 年）

ダレル・ハフ / 著、高木秀玄 / 訳『統計でウソをつく法』（講談社、1968 年）

鈴木義一郎 / 著『現代統計学小事典』（講談社、1998 年）

田村 秀 / 著『データの罠』（集英社、2006 年）

友野典男 / 著『行動経済学』（光文社、2006 年）

イアン・エアーズ / 著、山形浩生 / 訳『その数字が戦略を決める』（文藝春秋、2007 年）

今野紀雄、井手勇介、瀬川悦生、竹居正登、大塚一路 / 著『横浜発確率・統計入門』（産業図書、2014 年）

Arno Berger、Theodore P. Hill/ 著『An Introduction to Benford's Law』（Princeton University Press、2015 年）

索引

國家圖書館出版品預行編目(CIP)資料

懶人圖解統計學：統整複雜數據,看穿大數據
　背後真相/今野紀雄作;陳朕疆譯. -- 初版.
-- 新北市：世茂, 2020.12
　　面；　公分 . -- (科學視界；251)
　ISBN 978-986-5408-35-0(平裝)

　1. 統計學

510　　　　　　　　　　109013190

科學視界 251

懶人圖解統計學：
統整複雜數據，看穿大數據背後真相

作　　　者/今野紀雄
審 訂 者/林志娟
譯　　　者/陳朕疆
主　　　編/楊鈺儀
責任編輯/李雁文
封面設計/走路花工作室
出 版 者/世茂出版有限公司
負 責 人/簡泰雄
地　　　址/(231)新北市新店區民生路19號5樓
電　　　話/(02)2218-3277
傳　　　真/(02)2218-3239（訂書專線）
劃撥帳號/19911841
戶　　　名/世茂出版有限公司　單次郵購總金額未滿500元（含），請加60元掛號費
世茂官網/www.coolbooks.com.tw
排版製版/辰皓國際出版製作有限公司
印　　　刷/傳興彩色印刷有限公司
初版一刷/2020年12月

ＩＳＢＮ/978-986-5408-35-0
定　　　價/350元